Padres que sufren

por hijos adolescentes

John White

White, John
    Padres que sufren: por hijos adolescentes. - 2a ed. - Buenos Aires:
Certeza Argentina, 2007.
256 p. ; 15x23 cm.

    ISBN 978-950-683-140-0

    1. Teología Pastoral. I. Título
    CDD 250

Título en inglés: *Parents in pain*© 1979 John White . Traducido
y publicado con permiso de InterVarsity Press, po Box 1400,
Downers Grove, il 60515, usa.

Las citas bíblicas corresponden a la versión
Reina-Valera Revisada, 1995.

Traducción: Adriana Powell
Edición: Adriana Powell
Diseño: Pablo Ortelli y Ayelen Horwitz

Ediciones Certeza Argentina es la casa editorial de la Asociación
Bíblica Universitaria Argentina (abua), un encuentro de
estudiantes, profesionales y amigos de distintas iglesias
evangélicas que confiesan a Jesucristo como Señor, y que se han
comprometido a ejercer un testimonio vivo en las universidades
del país. Informaciones en: Bernardo de Irigoyen 654,
(c1072aan) Ciudad Autónoma de Buenos Aires.
Teléfono y fax (54 11) 4331-5630, 4334-8278, 4345-5931.
certeza@certezaargentina.com.ar
www.certezajoven.com.ar

Impreso en Colombia. Printed in Colombia.

Contenido

Prólogo

Jaime y Elena quedaron en silencio mirando el vehículo policial que se había detenido frente a su casa, y del que descendieron dos oficiales y un desaliñado adolescente. Elena no estaba sorprendida: durante mucho tiempo había temido que ocurriera exactamente esto.

Desafiante, su hijo Pedro ascendió por la entrada. Jaime y Elena se sentían como suspendidos en un universo extraño.

—¡Dios mío! —dijo Elena— ¿Qué haremos ahora?

~

—¿Señor Gutiérrez? Soy amiga de Caty. Ella… este… está enferma… quiero decir, estuvo bebiendo. Está caída en la calle. ¿Podrían venir a buscarla?

Roberto Gutiérrez suspiró.

Al llegar encontró a tres jovencitos tumbados allí: dos varones y su hija Caty. Al inclinarse sobre ella, el padre percibió olor a alcohol y a vómito.

Se sentó a su lado, deslizó el brazo izquierdo de su hija sobre sus hombros y la izó hasta ponerla de pie. Ella estaba mojada y temblando. Roberto ardía de ira. Ira, vergüenza, enojo… y lástima.

Caty lloriqueaba en medio de la tos y el vómito. 'Por favor, papá, no te enojes conmigo. No quería hacerte sufrir, pero lo he vuelto a hacer.'

Roberto volvió a suspirar. Sabía que al día siguiente Caty sería otra vez la hija soberbia y rebelde a la que ya se estaba acostumbrando.

~

Al bajar al sótano, la mujer encontró el cuerpo colgado de una viga. Dejó caer el canasto, y corrió a descolgarlo. Metió sus uñas en la soga para desprenderla del cuello del muchacho.

—¡Bebé, mi bebé! —sollozaba sin lágrimas. Sentada en el suelo, sostenía y acunaba el cuerpo rígido de su hijo. Debieron pasar como veinte minutos antes de que advirtiera la nota.

'Les pido perdón, papá y mamá. Ustedes deben pensar que no es así, pero los amo. Cada vez que intentaba hacer algo bien, me salía mal. Digan a mis hermanos que los amo. Tomé esta decisión porque todo está oscuro. Ahora ya no haré sufrir más a nadie.'

Pero el sufrimiento recién comenzaba.

Compartir el dolor produce alivio

Algunos padres han aprendido a aguantar o a encogerse de hombros. Pero miles, quizás millones de padres quedan desgarrados. Muchos sufren más porque necesitan ocultar su tragedia. Para algunos padres las apariencias son más importantes que para otros. Por eso es frecuente que los líderes de la iglesia o las figuras políticas, por ejemplo, oculten sus problemas familiares y enfrenten el mundo cubriéndose con una máscara. Muchos padres desconcertados, furiosos, dolidos, con sentimiento de culpa, haciéndose mil preguntas para las que no parece haber respuesta alguna solo se preguntan cómo hacer para sobrevivir los próximos veinte minutos. Algunos llegan al final de su vida cargando un peso que no parece aligerarse con el tiempo, sino todo lo contrario. Otros padres sucumben en la desesperación. Si encuentran quietud en su interior, es solo el silencio de las esperanzas que han abandonado.

¿Es usted un padre que sufre? No puedo prometerle que le quitaré el dolor, pero compartir el dolor produce alivio. Muchos padres me han confiado sus conflictos. Algunos han relatado por escrito sus experiencias y me han permitido que las incluya en estas páginas. Se han modificado los nombres y algunas circunstancias para proteger su privacidad. Pero se conserva lo esencial para que sirva de consuelo a otros.

Mi objetivo al escribir este libro es dar auxilio. Trato indirectamente el tema de la crianza de los hijos. En todas partes se pueden conseguir libros sobre cómo educar a los hijos desde que nacen hasta que llegan a la adultez. Pero esos libros no han impedido el constante aluvión de problemas y tragedias entre los adolescentes. Lo que hace falta es algo para ayudar a los padres para que puedan hacer frente a su angustia y encuentren esperanza en medio del dolor. Eso es lo que quiero hacer con este libro.

Aunque soy psiquiatra, no fundamento mi confianza en la experiencia de la práctica profesional. Soy un padre que ha criado hijos, que ha cometido errores, que ha luchado a veces contra una sensación de ineficiencia irremediable y que ha tenido que enfrentar la vergüenza y el dolor provocado por la conducta de uno de sus cinco hijos. Sé lo que es el temor y la náusea que produce un auto policial que se detiene frente a la casa, y del que bajan dos hombres uniformados para tocar a la puerta. Sé lo que son las noches en vela, la rabia, la amargura, la frustración, la vergüenza, las esperanzas que se quiebran y la cruel batalla entre la ternura y el desprecio.

Mi esposa Lorrie y yo no teníamos idea de lo que nos esperaba cuando nos casamos. Entendíamos que la vida familiar no era un lecho de rosas. Por mi parte me sentía orgulloso de no albergar preconceptos respecto a la crianza de niños y de no criticar nunca los métodos de crianza de otra gente. *Yo no tendría que rehacer conceptos aprendidos antes de ser padre.* Sin embargo, ninguno de nosotros había imaginado la larga secuencia de alegrías y sobresaltos, de éxtasis y agonías que nos esperaban. Mi aparente 'apertura mental' estaba colmada de equivocaciones, falsas expectativas y premisas no probadas.

Creíamos que conocíamos nuestros lados fuertes y débiles. Éramos modestos. Éramos humildes. Como cristianos hablábamos acerca de nuestra total incapacidad de gobernar nuestras vidas si no estábamos bajo la tutela de Dios, y creíamos entender lo que estábamos diciendo. Cristo sería el centro de nuestro matrimonio. Al mismo tiempo, con una piadosa ingenuidad yo imaginaba que un esposo tan inteligente y espiritual como yo, con una esposa tan maravillosa como Lorrie, no tendríamos dificultades para criar cuatro niños (hicimos planes para tener cuatro, pero los últimos resultaron mellizos). Imaginábamos que esos niños serían la envidia de otros padres.

Pero con el correr del tiempo los sorprendidos fuimos Lorrie y yo. A medida que pasaban los años sufríamos cada vez más humillación y dolor. Jamás habíamos imaginado que un día nos sentaríamos a compartir nuestro sufrimiento, ambos en silencio, sin nada que decir.

Pero si volviéramos a vivir, no sería diferente. A lo largo de meses y años caminando en la oscuridad, aprendimos lecciones que nunca hubiéramos aprendido en un camino fácil y luminoso. Nuestro espíritu se ha expandido a tal punto que ahora podemos albergar tanto el sufrimiento como la alegría en una medida que nunca antes hubiéramos podido hacer. El dolor que pudo habernos marchitado y amargado, nos hizo más fuertes, más vitales.

Pudimos encontrar a Dios de una manera que nunca antes habíamos podido. Descubrimos que él también es un Padre deseoso de compartir los secretos de la crianza, porque es él quien inventó esta institución de la familia. Él sabe más que los expertos. En él encontramos consuelo y paz. Con él aprendimos día a día de qué manera enfrentar problemas que parecían no tener solución. Por medio de él nuestro matrimonio es ahora más firme que nunca. Nos enseñó qué significaba orar por nuestros hijos, sobre qué podíamos orar y sobre qué cosas *no* debíamos orar.

Todavía estamos aprendiendo y tenemos mucho por delante para aprender. Pero sería egoísta de nuestra parte si nos guardáramos nuestras alegrías y consuelo solo para nosotros. Queremos compartirlos lo más ampliamente posible. Mi oración es que lo que escribo sirva de consuelo para padres que están sufriendo, y, si es la voluntad de Dios, que sus hijos sean restaurados, aunque en este momento tal cosa pudiera parecer imposible.

Con este propósito en mente, he organizado el libro en tres partes. La primera parte reflexiona acerca de las razones que han vuelto tan complicada la crianza de los niños, y cómo pueden ayudarnos el sentido común, la ciencia y la Biblia. La segunda parte se ocupa de cómo mantener una sana relación padre—hijo una vez que se deteriora la confianza, que aumentan las discusiones, y se hace necesaria la orientación profesional y legal. La tercera parte amplía este tema: como cristianos, no estamos llamados a hacer simplemente aquello que da resultado sino a hacer lo que es bueno y correcto. Debemos obedecer las instrucciones bíblicas que nos enseñan que no podemos tratar a nuestros hijos como si fueran posesiones, pero que debemos disciplinarlos y orar por ellos aun cuando los resultados no nos parezcan los mejores.

Usted puede leer cualquiera de las partes del libro. Algunas le serán más útiles que otras. El libro fue escrito para usted. Aunque quizás la amargura no le permita percibirlo, quiero decirle que hay un Dios de toda consolación que quiere alcanzarle la copa de la verdad.

La cosa no es tan simple

Primera parte

Una época de
incertidumbre

01

Antes la gente 'sabía' cómo criar a sus hijos.

Esto no quiere decir que no tuvieran problemas o que realmente supieran lo que estaban haciendo. Pero lo cierto es que tenían menos temores e incertidumbres que los padres modernos.

La ventaja de la estabilidad

La tradición decretaba cómo debían ser criados los niños. Usted los criaba de la misma forma sensata en que sus padres lo habían criado, y que además era la manera en que todo el mundo criaba a sus hijos. No todos los padres se ajustaban a las pautas de la tradición. Muchos sufrían las angustias que tenemos hoy en día. Algunos eran demasiado indulgentes, otros innecesariamente severos. Pero los padres no estaban tan cargados por las ansiedades que esta tarea nos produce a nosotros. Si los hijos salían descarriados, estaban más propensos a culpar de ello a los hijos que a sí mismos.

Luego, la ciencia vino en rescate de muchos de nosotros que hasta ese momento no sabíamos que necesitábamos ser rescatados. Las ciencias de la conducta nos señalaron que no éramos tan buenos padres. Mojar la cama de noche, decir mentiras, hacer pataletas, pequeños hurtos, tener rebeldía adolescente, pesadillas, escapadas de la escuela, comerse las uñas, fumar, beber, masturbarse y una multitud de otros males comenzaron a considerarse como resultado de una mala crianza o como conductas normales que los padres debían pasar por alto. Cada conducta particular tenía su correspondiente explicación científica.

De pronto entendíamos todo acerca del desarrollo de la persona humana. Los padres podían comer del árbol de la ciencia... (¿Acaso no era bueno y deseable que todos fuéramos sabios?). Pero para nuestra desazón, nos vimos expulsados de nuestro paraíso de padres (que si bien no era un Edén, era bastante tolerable), arrojados a un mundo frío y hostil. La tierra empezó a producir cardos y espinas, y debimos criar a nuestros hijos con el sudor de nuestra frente.

Nos sentimos invadidos de innumerables incertidumbres. Por un lado, los expertos en la educación de niños no coincidían entre sí. Los artículos en las revistas femeninas populares publicaban artículos que sostenían principios que se contradecían, presentados con igual lucidez y convicción. Se nos arrebató la confianza cándida que teníamos, y en cambio se nos dio una orientación confusa y contradictoria.

La tiranía paterna fue reemplazada por la tiranía infantil.

Sobre algunos asuntos estos consejos nuevos eran hasta cierto punto sensatos. Nos decían que habíamos sido demasiado punitivos y estrictos. Amanecía la era de la permisividad. Los niños necesitaban expresarse, y así lo hicieron. En algunas familias la tiranía paterna fue reemplazada por la tiranía infantil, y la nueva situación fue peor que la anterior.

Pero no pasó mucho tiempo y el énfasis se desplazó hacia nuevas teorías que venían a corregir los errores de las primeras. Al deshacernos de la tradición y volver la mirada hacia la ciencia, abandonamos algo estable y comprensible para seguir algo que está en permanente modificación.

Sea que la tradición fuera correcta o no, tenía la virtud de ser constante. Con la tradición uno sabía dónde estaba. Si alguien le preguntaba porqué hacía algo de determinada manera, usted podía decir simplemente: 'Porque esa es la manera en que se hace.' Pero con la ciencia nada es seguro. Los hallazgos que hoy parecen seguros, pueden ser dejados de lado mañana. Apenas uno ha empezado a familiarizarse con una teoría, llega otra y nos informa que está demostrado que aquella era incorrecta. Para su sorpresa, usted descubre que en lugar de hacer un bien a sus hijos les estaba haciendo un mal. Sin embargo, no todo está perdido. El daño producido por esa teoría puede ser corregido por la nueva, le prometen. ¿Pero quién puede asegurar que esta nueva conclusión no será reemplazada pronto por otra?

Una incertidumbre más honda

Hay una incertidumbre aún mayor que la que hemos descrito. En épocas anteriores se suponía que con lo que había que tratar era básicamente el producto de la herencia, mientras que ahora descubrimos que debemos enfrentarnos al problema del entorno familiar. En tiempos pasados podíamos decir con seguridad 'de tal palo tal astilla'. Si el 'palo' era un hombre alcohólico, supongamos que ahora ya reformado y sobrio, le dolería ver que su hijo cayera en la misma trampa. Sufriría al ver que su naturaleza originaria había sido heredada por el chico. Pero no sentiría un terrible e inútil sentido de culpa por el fracaso en la crianza de su hijo. Podía consolarse con la seguridad de que había dado al muchacho todas las advertencias y ayudas necesarias.

Por el contrario, muchos padres modernos (aunque protesten por ello) sienten que cargan con toda la culpa. Esto les ocurre tanto a los padres profundamente religiosos como a los que no tienen fuertes convicciones de fe. 'Enseña al niño en su camino y cuando sea viejo no se apartará de él', dice la Biblia. Entonces, pensamos, si el jovencito va por mal camino, ¿de quién puede ser la culpa sino de los padres? Y cuando los temibles síntomas aparecen, los padres redoblan los esfuerzos para seguir la teoría en la que más confíen.

¿Estoy diciendo con esto que la tradición es correcta y la ciencia no lo es? En absoluto. No estoy abriendo juicio sobre ninguna de las dos. Lo que quiero hacer es dirigir nuestra atención hacia el conflicto que esta situación plantea a los padres. En la base de nuestro conflicto encontramos una forma superficial de determinismo, que consiste en pensar que todo efecto es el resultado inevitable de determinadas causas. El determinismo que subyace a muchas de las teorías sobre la crianza de niños da por sentado que los niños son el resultado puro de la crianza.

Los niños necesitan sentir que sus padres saben lo que están haciendo.

Vienen al mundo como una 'tabla rasa', como pizarras limpias, listas para ser escritas por los padres. Si éstos escriben lo que corresponde (es decir, si educan a sus hijos en la forma debida), el resultado será un hijo bien adaptado, extrovertido, moralmente recto y autónomo. Cualquier defecto en el producto final será reflejo de un error en el manejo paterno.

Quizás algunos padres sean inmunes a la ansiedad que produce esta posición determinista. Pero muchos otros sucumben a la culpabilidad y sufren intensas agonías. Ya es un problema serio que un hijo se haya descarriado. Pero saber que uno es responsable del mal, y esforzarse inútilmente para intentar corregir el daño, es un tormento que los padres de otras épocas estaban menos expuestos a sufrir.

Independientemente de que sus respuestas sean ciertas o falsas, la ciencia nos ha transformado en peores padres que nuestros antepasados. Los padres de la época victoriana pudieron haber sido severos y represivos, pero al menos tenían la seguridad de estar haciendo lo que debían. Y los niños necesitan sentir que sus padres saben lo que están haciendo. Los marineros que trabajan bajo las órdenes de un capitán severo que gobierna la nave como si fuera un dictador, quizás protestan por la disciplina; pero se sienten más seguros que sus pares instalados en un barco donde la autoridad es blanda, especialmente cuando se levanta una tormenta.

Creo que el desconcierto, la incertidumbre, y la falta de confianza de los padres modernos es más dañina para los niños que la severidad. Los hijos necesitan padres seguros. El resultado final del aluvión de artículos tanto religiosos como humanistas sobre la crianza de los hijos, es una generación de padres ansiosos, inseguros y con sentimiento de culpa. En otras épocas los padres podían echar la culpa (y a veces con razón) a las 'malas compañías'. Los padres modernos, también con cierta razón, hacen lo mismo. Pero los trabajadores sociales, los psicólogos y los psiquiatras rápidamente responden que la culpa no es tanto de las malas compañías como de las fallas de los padres.

Sería absurdo desechar todo lo que nos enseñan las ciencias de la conducta, y no tengo la intención de hacerlo. Las ciencias pueden ofrecer pautas y datos estadísticos que a menudo nos ayudan a entender el comportamiento. Es interesante observar, por ejemplo, que la delincuencia juvenil es mucho mayor en Occidente que en el Japón (donde la tradición concede mucha autoridad a los padres), mientras que, por otra parte, en Japón son más altos los índices de suicidio y de enfermedades neuróticas.

¿Adónde recurrir?

Pero, ¿dónde pueden encontrar los padres instrucciones confiables respecto a la crianza de los hijos?

Cuando pregunto: ¿Cómo puedo encarar los problemas de la crianza de mis hijos?, estoy en realidad planteando varias preguntas, tales como: ¿Cómo puedo enfrentar el sufrimiento que produce ser padre? ¿Qué puedo hacer respecto a mis debilidades, a mi impaciencia, mi egoísmo, mi inmadurez, mi resentimiento, mi preocupación y mis dudas? ¿Cómo manejaré los conflictos y las diferencias de criterio con mi cónyuge?

Quizás en lugar de preguntarnos '¿Cómo puedo educar con éxito a mis hijos?', deberíamos preguntar: '¿Cómo puedo ser un buen padre?' Y aunque ambas preguntas parecen decir lo mismo, en realidad no es así. La primera forma de plantear la pregunta concierne a los resultados. Pregunta por el éxito, y en ese sentido el padre quiere que se le dé la seguridad de que determinada forma de crianza dará como resultado determinado tipo de hijo. La segunda forma de plantear la pregunta, en cambio, deja la cuestión del resultado sin definir. Enfoca en lo que el padre puede *ser*, más que en lo que el padre debe *hacer*.

Uno rompe las reglas aunque las conozca y sepa de su importancia. El problema no es tanto de ignorancia como de incapacidad. ¿Qué puedo hacer para remediar algunas de mis limitaciones más marcadas como padre? Uno de los objetivos centrales de este libro es precisamente responder a ese interrogante.

¿De quién
es la culpa?

02

¿En qué me equivoqué? ¿Sigo equivo-

cándome todavía? ¿Tengo yo la culpa? Son muchos los padres que se ven acosados por preguntas como éstas.

Son preguntas que nos paralizan. Evocan ansiedad e inseguridad. En lugar de aliviarnos, hacen la marcha aún más difícil sobre el fango de la incertidumbre, volviéndonos indecisos e ineficientes. Terminamos víctimas de los temores: temor de equivocarnos, temor del futuro, temor de encontrar nuevos problemas, temor de sufrir más.

Algunos podrían decir que estas preguntas no son válidas. 'Lo que pasó, pasó.' 'Lo pasado, pisado.' Sea culpable o no de lo sucedido, de nada vale lamentarse. De manera que, ¿para qué preocuparse por errores del pasado?

Estos argumentos son lógicos, pero la sensación de culpa difícilmente desaparece a la luz de la lógica. Los cristianos decimos que podemos ser perdonados por las faltas que hemos cometido. Pero con frecuencia el problema es que no sabemos qué fue lo que hicimos mal. De modo que las preguntas siguen atormentando nuestras noches de insomnio o sobresaltándonos cada vez que suena el teléfono. Y la pesadilla continúa.

Es una pesadilla inútil. No se logra nada por ese camino. Apresado por ella, no solo sufre usted sino que causa sufrimiento a otros. No puede ofrecer verdadero apoyo a su cónyuge.

En lugar de ser el pilar de la familia, se derrumba. No solo se derrumba por efecto de la sensación de inseguridad e inutilidad sino porque los cimientos mismos sobre los que asentaba su existencia parecen haber cedido.

Pero usted no puede venirse abajo, por su propio bien y por el de su familia. Derrumbarse de esa manera no cambia el pasado ni sirve de ayuda a su hijo. Lo que usted necesita son cimientos sólidos. Necesita evaluar en qué terreno está pisando. Si no es terreno sólido, necesita buscar otro. Y cuando lo haya encontrado, tendrá que aprender a mantenerse firme y fuerte. Tendrá que saber de qué recursos dispone y cómo usarlos.

Comencemos por el principio. ¿Realmente se equivocó tanto? Todos tenemos errores. Pero, ¿es todo culpa suya? Es poco probable. Lamentablemente, cuestiones que parecen simples son en realidad muy complejas.

Propongo que consideremos tres fuentes: el sentido común, la ciencia y la Biblia. Cada uno de ellas tiene algo para aportar, aunque personalmente me inclino más por la Biblia (pese a lo que podría esperarse de un psiquiatra). Examinaremos estas dos en primer lugar, y dejaremos la Biblia para el próximo capítulo.

Lo que dice el sentido común

¿Por qué resultan los hijos de determinada manera?

He conocido a lo largo de mi vida varias familias en las que los padres eran un desastre, peleaban, bebían, abandonaban a sus hijos, eran inestables, se distanciaban, se separaban, se divorciaban. Sin embargo, los hijos resultaron buenos. Es decir, rendían bien en la escuela, conseguían trabajo, parecían tener buenas amistades y ahora parecen haber formado matrimonios estables, capaces de conducir a sus hijos con buen criterio. Si usted hablara con ellos, como yo lo he hecho, encontraría que todos dicen: 'Juré que mi hogar jamás sería como el de mis padres.' 'Vi lo que provocaba el alcohol en mi familia, y juré que yo jamás bebería.' O: 'Yo era el mayor. Sabía lo que significaba cuidar de mis hermanos y hermanas noche tras noche. Mis hijos jamás sufrirán lo mismo.'

También conozco familias donde los padres son afectuosos, firmes, sabios, dedicados, y sin embargo tienen al menos algún hijo que presenta serios problemas. Algunos de estos padres no profesan religión alguna, otros son judíos, católicos o protestantes.

Por otro lado también vemos que la manera de criar a los hijos sí establece algunas diferencias. Los buenos padres están menos propensos a producir chicos con problemas que los malos padres. Los hogares estables tienen más probabilidad de tener chicos estables que los hogares inestables. De todos modos, no siempre es así.

Tengo la sensación de que cuando las dudas y las incertidumbres nos acosan, lo primero que debemos consultar es el sentido común. Anhelamos respuestas fáciles, seguras, sin ambigüedades. Lo último que atinamos a hacer cuando nos estamos ahogando es a razonar fríamente.

Pero aun así, debemos razonar.

Apenas graduado como médico, me asignaron inmediatamente responsabilidades complejas en el área de la cirugía. No había pasado un año de mi graduación y con frecuencia era el responsable, durante la noche, de la cirugía de emergencia de un enorme hospital en la ciudad, como así también de un hospital más pequeño en una de las rutas importantes de Inglaterra. Con frecuencia me asignaban la conducción de cirugías.

Era de esperar que a veces hubiera problemas, que las cosas salieran realmente mal. En la sala de operaciones ocasionalmente me invadía una ola de pánico, cuando veía con espanto que la operación se volvía más y más caótica. La vida de un paciente inconsciente dependía de mí. El anestesista podía ser muy competente en lo suyo, pero no podía ofrecerme ninguna ayuda. Cualquier cirujano más experimentado estaba a una hora de viaje. El pánico producía, además, una especie de congelamiento en mi cerebro. Mis movimientos se tornaban más rápidos pero repetitivos e inútiles. Me volvía hacia el círculo de ojos de los miembros del equipo auxiliar, pero todos los ojos me devolvían silenciosamente la mirada esperando mi orientación.

Lo único que podía hacer en esas circunstancias era obligarme a mí mismo a pensar lenta y cautelosamente. Descubrí que como cristiano había estado elevando al Padre oraciones frenéticas: '¡Ayúdame, Señor! ¡No dejes que las cosas salgan mal! ¡No dejes que me meta en problemas! ¡No permitas que se muera!' No era realmente una oración sino una especie de encantamiento mascullado entre dientes. No estaba comunicándome con Dios sino expresando mi pánico con una cháchara de loro.

> A veces es necesario *obligarse a pensar* aunque uno no tenga ánimo para hacerlo.

Por supuesto que Dios fue misericordioso. Él *sí* estuvo allí. Pero aprendí que *yo* tenía que detenerme y razonar. Debía adoptar una actitud espiritual correcta, y hablarme a mí mismo antes que a Dios. 'Dios *está* aquí. No hace falta que lo fastidie. A él *sí* le importa. Ahora cálmate, John. ¿Qué es lo primero que tengo que hacer?'

Lentamente, a medida que pensaba, se me aclaraba la mente. Aunque no llegara a estar completamente relajado, al menos podía actuar con coherencia y calma. Con una gradual sensación de seguridad y confianza, iba encontrando el camino en medio de las dificultades y completando con éxito una cirugía que podía haberse tornado una tragedia. Mi mente se había liberado y ahora estaba en condiciones de recibir nuevas ideas, recordar viejos principios y obligarme a mí mismo a confiar y a seguir adelante.

No tengo la menor duda de que el Espíritu Santo de Dios estaba detrás de todo eso. Pero lo que se me pedía en esas circunstancias era que me decidiera a detener la espiral del pánico y me tomara tiempo para pensar.

No sé en qué situación puede estar usted: quizás sea un padre temeroso del futuro, quizás esté recuperándose de una crisis reciente o esté en medio de un conflicto. Pero tanto para usted como para mí, debo insistir en esta regla de oro: a veces es necesario *obligarse a pensar* aunque uno no tenga ánimo para hacerlo.

Necesitará mucho sentido común para tratar consigo mismo, con su familia y con el hijo que le causa tanto sufrimiento. Y le repito que el sentido común nos muestra que no toda la culpa es suya si uno de sus hijos toma el mal camino. Quizás lo sea. Pero las cosas rara vez son tan simples.

Lo que dice la ciencia

Lo mismo descubrimos cuando recurrimos a la ciencia. No podemos, en tan poco espacio, presentar el enfoque de la psicología, de la sociología, la antropología, la etología, la genética, la teoría sistémica, la epidemiología, la neurofisiología y la bioquímica, todas ellas ramas de la ciencia vinculadas con la pregunta que estamos tratando: ¿Por qué las personas son como son? Afortunadamente bastará con que tomemos nota de una o dos cosas obvias.

Las distintas ramas de la ciencia se ocupan de aspectos diferentes y generalmente complementarios de un mismo objeto de estudio.

La antropología se interesa por la influencia de la cultura en que crecen los niños, y estudia la relación entre las creencias y costumbres tribales y los rasgos que caracterizan a los adultos. Margaret Mead, por ejemplo, describe dos tribus de la misma región con características diferentes. Una de las tribus es hostil y agresiva, mientras que la otra es pacífica y amable. La autora atribuye las diferencias a las prácticas de crianza en las dos tribus.[1]

Además de la crianza de los niños, hay otros factores que la antropología toma en cuenta. Por ejemplo, sabemos que culturas diferentes producen diferentes tipos de personas.

Si nos volvemos hacia la psicología —cuyas corrientes más influyentes en Occidente parecen ser las diversas teorías del aprendizaje (conductismo) y el psicoanálisis—, observamos que se abocan al estudio de porqué la gente es como es.

Aunque existen diferencias teóricas básicas entre ambas, las dos han acumulado y ordenado la evidencia con el propósito de demostrar que lo que les ocurre a los niños durante el proceso de crecimiento determinará el resultado final. Aun más, ambas corrientes psicológicas ofrecen cierta esperanza de cambiar las cosas cuando han sido mal encaminadas.

Lamentablemente la promesa que hacen de ayudar a la persona a cambiar puede resultar exagerada. Ninguna escuela de psicología puede ayudar a quien rechaza la ayuda. Y este es precisamente el problema que con toda seguridad usted enfrentará si su hijo presenta serios conflictos: simplemente rehusará toda ayuda porque no quiere cambiar o porque teme ser rotulado como anormal o desequilibrado.

Es necesario advertir que las ciencias que hemos considerado hasta aquí se ocupan de dos aspectos distintos. La antropología y la sociología enfocan el contexto cultural o social en que crece el niño. Los psicólogos toman en cuenta al niño y sus reacciones al ambiente que lo rodea.

No hay un solo factor (quizás ni siquiera haya uno más significativo que los demás) que determine el desarrollo de un niño. Los antropólogos y los sociólogos simplemente confirman lo que ya hemos mencionado, es decir, la poderosa influencia que ejercen sobre el desarrollo los rápidos cambios sociales, los medios de comunicación masiva y la presión de los pares. A diferencia de las tribus primitivas, donde la cultura y la familia eran homogéneas, entrelazadas en un armonioso sistema, en nuestro medio encontramos que hay influencias culturales que compiten en forma estridente con la influencia familiar. Sería necio de nuestra parte que ignoremos su fuerza.

> Ninguna escuela de psicología puede ayudar a quien rechaza la ayuda.

Hay otras ramas de la ciencia, como la genética, y hasta cierto punto la epidemiología, que explican las características que pueden ser heredadas por un niño. 'Es igualito a su madre', decimos a veces. O como dice el refrán: 'De tal palo tal astilla'.

Naturaleza y cultura

Hubo un momento en que quienes creían en la herencia y quienes creían en la influencia ambiental discutían ferozmente entre sí respecto a cuál de estos factores era el responsable del talento musical de Susanita. 'Recibió enseñanza adecuada desde pequeña, y además idealizó a su papá, que era concertista de piano,' explicaba uno. Esta explicación atribuía la aptitud musical de Susanita a su medio, al medio familiar que la había modelado en sus primeros años. Los otros decían: 'Es un talento que viene de familia. Han sido músicos por generaciones. Lo llevan en la sangre.' Al decir esto, se ponen del lado de la herencia.

Algunos aseguraban dogmáticamente que solo contaba lo que ocurría después del nacimiento. Otros decían que los genes heredados tanto del padre como de la madre se combinaban para determinar no solo los rasgos físicos sino las características emocionales y la inteligencia del niño.

Es bastante fácil reconocer la influencia genética en el aspecto 'físico'. Jimena no tiene ojos celestes porque admira los ojos de su mamá sino porque los ha heredado. Pero se hace más difícil cuando empezamos a considerar aspectos menos tangibles, como la inteligencia, el carácter y la predisposición hacia las crisis emocionales.

Los epidemiólogos encaran el problema de la herencia y la cultura cuando abordan el tema de la salud pública. En este campo encontramos algunos de los interrogantes que hemos planteado más arriba. ¿Son los conflictos emocionales solo producto de la crianza y del estrés? ¿Hay personas naturalmente más predispuestas a sufrirlos que otras? ¿Hay una disposición innata hacia el crimen? ¿O hacia el alcoholismo?

Los métodos de epidemiólogos y genetistas se han vuelto cada vez más sofisticados. Los estudios sobre gemelos, por ejemplo, son mucho más rigurosos que cincuenta años atrás. ¿Tienen los gemelos más rasgos de carácter en común que los mellizos no idénticos o que los hermanos comunes? ¿Hace alguna diferencia que los gemelos sean educados en distintas familias? ¿Qué ocurre con los hijos de padres problemáticos o delincuentes, cuando son educados en otra familia desde su infancia? ¿En qué influye lo que ocurre durante el período intrauterino? Interrogantes como éstos han sido sometidos a encuestas cada vez más complejas.

Son pocos los científicos que hoy oponen naturaleza y cultura. Podemos tener una tendencia a privilegiar una u otra, pero en general coincidimos en que ambos aspectos son influyentes. Hablamos de una carga genética en relación a la esquizofrenia y a algunas crisis emocionales y reconocemos que hay personas que tienen desde el nacimiento una mayor tendencia hacia estas manifestaciones de la enfermedad.

Es interesante revisar algunos de los estudios sobre la inclinación al alcoholismo. Hasta 1974 se consideraba al alcoholismo como consecuencia de la crianza y de la exposición al alcohol. A pesar de sus diferencias, todas las teorías tendían a poner el énfasis sobre la cultura y no sobre la herencia; sobre el ejemplo de los padres, sobre la enseñanza y la influencia del ambiente, y no sobre los genes.

Una cuidadosa investigación comprobó que esa tesis descansa sobre cimientos inseguros. D. W. Goodwin y un equipo de científicos norteamericanos y daneses llevaron a cabo un exhaustivo seguimiento de hijos de alcohólicos. Encararon dos aspectos: por un lado, tomaron una muestra significativa de niños de padres alcohólicos que habían sido adoptados en su infancia por familias no alcohólicas, y analizaron su desarrollo. En segundo lugar, compararon este grupo con una muestra equivalente de niños, también adoptivos, cuyos padres naturales no habían sido alcohólicos.

Si el principal factor que influye en los futuros hábitos hacia el alcohol fuera el ambiente (el ejemplo, la influencia de los padres, etc.), podríamos esperar que ambos grupos de niños, criados en familias adoptivas similares, mostraran un porcentaje similar de adultos alcohólicos. Pero el hecho es que en la muestra de niños cuyos padres naturales eran alcohólicos se dio más del cuádruple de casos de adultos alcohólicos que en el grupo control, a pesar de que ambos grupos habían tenido una crianza similar.

Goodwin y su equipo siguieron adelante con el estudio y realizaron una segunda comparación. Consideraron hombres y mujeres que habían sido protegidos del alcoholismo (al trasladarlos a otras familias en su infancia) con sus hermanos y hermanos naturales que habían sido criados en sus propios hogares alcohólicos. No había diferencias significativas en el número de adultos alcohólicos entre ambos grupos. El ambiente no alcohólico parecía no haber ofrecido ninguna protección a los hijos de alcohólicos adoptados en la infancia.[2]

¿Cuáles son las conclusiones que podemos obtener de un estudio de esta índole? Sería erróneo concluir que un niño nace alcohólico y está condenado a serlo. Lo único que podemos afirmar es que los hijos de alcohólicos parecen ser hereditariamente más vulnerables a este mal que los hijos de padres no alcohólicos. Lo que no sabemos es si los hijos de personas totalmente abstemias también llevan ese 'gen alcohólico', que solo se pondría de manifiesto si estuvieran en un ambiente que los llevara al hábito de la bebida.

Pero este estudio es más que suficiente para hacernos tomar conciencia de que los genes no solo producen ojos marrones, dientes parejos o cabello ondulado, sino también sutiles rasgos del carácter. Nuestros hijos no solo son moldeados por la atmósfera de nuestros hogares sino por la combinación de genes que les dio un determinado potencial físico, mental y emocional. Como padres no tuvimos ningún control de los genes que dimos ni de la combinación que se produjo durante la concepción. En el silencio del útero ocurrieron cosas que tendrían una profunda influencia sobre todo lo que sucedería después.

No es tan simple

Hasta aquí la esencia de mi argumento podría sintetizarse así: 'No es tan simple.' Hay demasiados factores involucrados como para que podamos inclinarnos taxativamente por uno u otro. Pero aun si supiéramos exactamente cuáles fueron los factores que influyeron para que un niño se desarrollara de determinada manera, ¿estaríamos en mejores condiciones de comprenderlo?

Hemos estado reflexionando en términos de causa y efecto, dando por sentado que 'si supiéramos suficiente' (pero no sabemos) entonces podríamos contar con ciertas reglas. Podríamos decir que Juan es como es, debido a un 33,7% de influencia de su crianza, 22,4% de influencia cultural general, 21,0% de factores genéticos y 22,9% de factores varios.

Pero, ¿y Juan? ¿No tuvo él ninguna parte en este proceso? ¿Era pura 'sensación' la de hacer sus propias decisiones y elecciones? ¿Es Juan tan solo la suma de influencias que jugaron en él? ¿O es algo más que eso? ¿Es una persona que optó libremente? Como cristiano, tengo la convicción de que nunca podré 'explicar' a Juan de manera científica. Juan es Juan. Tiene voluntad. Elige. Sigue un camino que él mismo ha elegido.

Por supuesto que habrá ocasiones en que dirá: 'No era mi intención hacerlo. ¡Intenté evitarlo pero no pude!' Al decirlo nos hace notar que su libertad está restringida. En algunas ocasiones puede elegir libremente, pero en otras se siente víctima de su propia debilidad.

Ni nosotros ni nuestros hijos somos totalmente libres. Pero tampoco somos totalmente esclavos. Habrá oportunidades en que protestaremos como el apóstol Pablo: '¡Miserable de mí! ¿Quién me librará de este cuerpo de muerte?' (Romanos 7.24). Y en otras ocasiones comprenderemos lo que quiso decir William Ernest Henley cuando escribió: 'Soy el amo de mi destino; soy el capitán de mi alma.'

Aprender a ser padres

Comenzamos este capítulo hablando sobre la responsabilidad y la culpa. Hemos visto que si razonamos detenidamente, no podemos arrogarnos todo el mérito cuando nuestros hijos salen buenos, ni debemos echarnos toda la culpa cuando resultan malos. Los genes, el hogar, la escuela, el medio social, y la capacidad de nuestro hijo para tomar ciertas decisiones, son factores que influyen en el resultado final.

Recuerdo muy claramente el nacimiento de mi hijo mayor. Cuando el obstetra lo levantó por las piernas, mi esposa exclamó: '¡John! ¡Sus pies! Mira sus pies. ¡Tiene un problema en los pies!' Los dos piecitos estaban horriblemente torcidos y encogidos. Los tobillos no tenían piel.

Yo miré al bebé y dije: 'Están bien, querida. No hay ningún problema.' Yo no estaba queriendo engañarla. Ciego a la tragedia, no era capaz de superar el impacto emocional y percibir lo que tenía delante da mí.

'¡Es todo culpa mía!' sollozó Lorrie '¡Te he dado un hijo inválido!'

En ese dramático momento, ambos pusimos de manifiesto defectos típicos de muchos padres. Mi falta era ver solo lo que quería ver en mi primer hijo y negar aquello que no quería ver. La falta de Lorrie era llorar sintiéndose culpable, actitud que era tan poco realista como mi negación. Toda la lógica del mundo no hubiera podido servirle de consuelo en ese momento.

Esta crisis puso de manifiesto nuestras mutuas debilidades como padres, al comienzo de nuestro camino. Fue un brusco comienzo de una vida que se vería colmada de alegrías y sufrimientos, de amor y de amargura. A lo largo de ese proceso, crecimos, junto con los hijos que Dios nos dio. No éramos jóvenes científicos listos para entrenar ratas de laboratorio. Éramos padres comunes y corrientes, iniciando un hogar con un bebé que muy pronto nos demostraría que tenía una voluntad independiente.

Falso consuelo

03

Nancy, una misionera cristiana que habíamos conocido, supo que tenía cáncer de mama mientras estaba embarazada de su segundo bebé. El niño nació sano. A Nancy le extirparon los pechos y le hicieron tratamiento con rayos. Los cirujanos le dijeron que no tenía mucha expectativa de vida, ya que el cáncer se había desarrollado en un momento en que el tejido glandular estaba en plena actividad, preparándose para producir leche.

Nancy oró. Su esposo también oró. Muchos de nosotros, compañeros de equipo, oramos con ellos. La gente en las iglesias oraba. Algunos oraban pidiendo sanidad, otros pidiendo la gracia necesaria para aceptar la voluntad de Dios.

La historia es demasiado larga para relatarla en detalle. Pasó más de un año antes de que Nancy muriera, y durante ese año ella, su esposo y otras personas estaban convencidas de que la Biblia y la voz del Espíritu Santo les aseguraban que Dios había concedido a Nancy la sanidad sobrenatural. Los que no estábamos convencidos de lo mismo tuvimos cuidado de no echar un balde de agua fría sobre sus esperanzas, aunque recuerdo que en una carta le comenté a su esposo que, fuera que Nancy se curara o no, yo tenía la convicción de que Dios sería fiel y misericordioso.

Era evidente que la fe de la pareja era genuina. Algunos pasajes de la Biblia parecían impresionarlos de una manera especial.

Nancy estaba contenta, gozándose de la maravilla de la bondad de Dios. Parecía no percibir su lento desmejoramiento a medida que perdía peso. Hasta atribuía el creciente dolor a causas ajenas a su enfermedad. Juan me dijo que Dios le había asegurado, mientras oraba un día de rodillas, que no debía sentir ningún temor: la curación había sido completa.

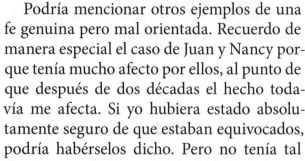

Una crisis profunda también podría impulsarnos a profundizar nuestra fe.

Podría mencionar otros ejemplos de una fe genuina pero mal orientada. Recuerdo de manera especial el caso de Juan y Nancy porque tenía mucho afecto por ellos, al punto de que después de dos décadas el hecho todavía me afecta. Si yo hubiera estado absolutamente seguro de que estaban equivocados, podría habérselos dicho. Pero no tenía tal seguridad. Y en todo caso, ¿no hubiera estado mal de mi parte arrebatarles esos últimos doce meses de esperanza, alabanza y alegría, aunque hubiera estado fundada en una serie de falsas ilusiones?

Nunca pude conversar sobre el tema con Juan porque estábamos separados por muchos miles de kilómetros cuando Nancy murió. De modo que no sé qué vivió, además del dolor y la pérdida, naturalmente. ¿Tambaleó su fe? ¿Y qué de los niños, al menos el mayor de ellos, que esperaba la curación prometida? ¿Cómo afectaría ese hecho su fe respecto a la guía de Dios, a la sanidad, a la oración?

En algunas personas que he conocido, la frustración de una esperanza que estuvo basada en una fe errónea ha sido más traumática que un sufrimiento no deseado. Su relación con Dios queda en crisis. Si nos hemos equivocado al confiar en Dios respecto a la sanidad, ¿en cuántas cosas más estaremos equivocados?

Una crisis profunda también podría impulsarnos a profundizar nuestra fe. Pero también he visto a muchas personas negar la realidad después de una prueba difícil, y hasta inventarse fantasías; el mundo que se fabrican está basado en una relación con un Dios también inventado por ellos.

Muchos padres sufren porque han construido una falsa esperanza en la Biblia. No estoy diciendo que la Biblia no sea confiable, sino que muchos padres leen la Biblia a través de lentes mágicos. Este no es un defecto exclusivo de quienes son padres. Todos los que atravesamos dificultades tendemos a hacer lo mismo.

Si usted es un padre que sufre porque su hijo está en problemas, quizás el primer paso que tenga que dar es el de abandonar las falsas esperanzas y buscar una fe verdadera. Quizás haya estado leyendo en la Biblia cosas que no están allí. En este capítulo quiero comenzar a despojarlo de esa falsa esperanza que usted tiene, fundada en una interpretación errónea de las Escrituras. La única esperanza que vale la pena tener es la que está fundada en la verdad.

Por supuesto, tengo tantas posibilidades de equivocarme como cualquier otro. Pero después de cuarenta y cinco años de caminar con Dios, conozco el terrible dolor de haber entendido mal su voz, de haber confundido su orientación y de haber caído en una serie de falsas ilusiones. Recuerdo situaciones en que estuve a punto de ahogarme hasta que una mano fuerte me sacó del pantano. Pero no renunciaría a mis cicatrices, a mis recuerdos dolorosos. Por ellos he aprendido cuál es la forma *incorrecta* de seguir a mi Señor.

Hay promesas y promesas

Hay muchos protestantes y judíos ortodoxos que se apoyan en algunas promesas bíblicas. La más citada está en el libro de los Proverbios: 'Instruye al niño en su camino, y ni aun de viejo se apartará de él' (Proverbios 22.6). Se toman estas palabras como una promesa dada por Dios a cualquier padre que eduque a su hijo en el camino de Dios. Se da por sentado que el niño seguirá en esa senda a medida que vaya creciendo. Y como Dios siempre cumple sus promesas, se deduce que los padres cuyo hijo se descarría tienen ante sí dos opciones. Pueden decir que ellos cumplieron con lo correcto y que por lo tanto, aunque en este momento todo parezca oscuro, a la larga se cumplirá la promesa de Dios: tarde o temprano el hijo regresará a aquello que se le enseñó cuando niño. De esta manera encuentran consuelo en la promesa. Pero también pueden deducir que el comportamiento de su hijo es una evidencia de que fracasaron en su tarea, y entonces la promesa se vuelve una acusación hacia ellos.

Una regla básica que se debe seguir al interpretar la Biblia es tener en cuenta el contexto en que se encuentra una afirmación particular. ¿Qué ocurre en el caso de Proverbios 22.6? Si usted examina el contexto, verá que no se trata de ninguna promesa que Dios le haya hecho a nadie. Es una afirmación, una premisa de carácter 'general' respecto a cómo se dan normalmente las relaciones familiares.

El libro de Proverbios forma parte de lo que se conoce como la tradición de la 'sabiduría' en el pensamiento hebreo. A diferencia de la tradición profética, donde los profetas proclaman los mensajes de Dios a su pueblo (mensajes de consuelo, de condenación y de anticipación del futuro), la literatura de sabiduría contiene observaciones y reflexiones inspiradas, respecto a la vida cotidiana, formuladas por hombres sabios y rectos. La afirmación 'Instruye al niño en su camino, y aun cuando fuere viejo no se apartará de él', es una de esas observaciones. Nos declara lo que podemos ver a nuestro alrededor con solo abrir los ojos. Padres buenos generalmente producen hijos buenos.

'Ajá,' me dice entonces la gente, 'usted está agregando una palabra. Usted dice *generalmente*, y el versículo no lo dice así.' Es cierto. Pero tampoco dice 'invariablemente'. No es ese tipo de declaración. Cuando lo interpretamos como si se tratara de una ley inflexible, estamos deduciendo algo que el Espíritu Santo nunca se propuso decir.

¿Por qué estoy tan seguro de que esto es así? Porque de otro modo el libro de Proverbios perdería sentido. Es un libro que nos presenta las dos caras de la moneda: una buena crianza facilita el desarrollo de un adulto bueno; los hijos desobedientes van encaminados a la tragedia. Señala ejemplos que podemos ver en todas partes, en cualquier cultura, en cualquier época. Incluye observaciones sobre hijos desobedientes como así también acerca de padres buenos y padres malos. Son observaciones inspiradas por Dios. No estoy cuestionando su autoridad espiritual, sino la manera correcta de comprenderlas.

Como explica Derek Kidner.[1] Proverbios nos recuerda constantemente que 'ni siquiera la mejor crianza puede generar la sabiduría sino solo estimular a que se desee buscarla'. Lea, por ejemplo, los cuatro primeros versículos del capítulo 2. Nos presentan al menos dos tipos de hijos. Uno de ellos sabrá aprovechar y agradecer la disciplina, mientras que el otro cerrará sus oídos para no recibirla. 'El hijo sabio recibe el consejo del padre; pero el insolente no escucha represiones' (Proverbios 13.1). 'El hombre que ama la sabiduría alegra a su padre; el que frecuenta rameras perderá los bienes' (Proverbios 29.3).

> Ni siquiera los padres más buenos y sabios pueden garantizar la bondad o sabiduría en sus hijos.

Nunca me tomé el trabajo de sumar los versículos que hablan acerca de hijos buenos o hijos malos, o de confrontarlos con los que se refieren a buenos y malos padres, pero lo cierto es que el libro trata de ambos. Cuando examinamos el libro como una unidad, empezamos a comprender porqué la expresión 'Instruye al niño ...' no pretende ser una ley inflexible. La buena crianza es una parte, quizás la más importante; por eso se instruye a los padres a que eduquen a sus hijos correctamente. Se exhorta a los hijos a que respondan sabiamente a la disciplina paterna. Si ambos hacen su parte todo saldrá bien.

Dios creó un mundo en el que Adán podía elegir la insensatez de desobedecer; de allí deberíamos deducir que ni siquiera los padres más buenos y sabios pueden garantizar la bondad o sabiduría en sus hijos. Dios no nos dio ninguna promesa en ese sentido. Como lo dijo un padre, sin albergar amargura: 'No estamos tan solo tratando de criar a nuestros hijos. Hemos tomado pedazos de algo dañado y estamos tratando de componerlo. A veces se hace muy difícil.'

La oración equivocada

Hay otras promesas mal usadas, promesas que no tienen nada que ver con la crianza de los hijos, pero que se vinculan con la naturaleza misma de la oración. 'Todo lo que pidáis al Padre en mi nombre, lo haré, para que el Padre sea glorificado en el Hijo. Si algo pedís en mi nombre, yo lo haré', les dijo Jesús a sus discípulos antes de dejarlos (Juan 14.13–14). 'Respondiendo Jesús, les dijo: Tened fe en Dios. De cierto os digo que cualquiera que diga a este monte: Quítate y arrójate en el mar, y no duda en su corazón, sino que cree que será hecho lo que dice, lo que diga le será hecho. Por tanto, os digo que todo lo que pidáis orando, creed que lo recibiréis, y os vendrá' (Marcos 11.22–24).

¿Qué mejor promesa sobre la intervención de Dios podría recibir un padre dolorido? ¿Dónde encontramos promesas de mayor alcance que éstas? Sin embargo, en este momento quiero advertir respecto al uso equivocado de estos versículos.

Cada vez que usted ore por algo, debe tener en cuenta dos aspectos de su petición. Debe considerar su dificultad y su naturaleza.

Mover montañas es algo difícil. Rara vez se desplaza una montaña y cae al mar. No conozco ninguna que haya sido arrojada al mar como respuesta a la oración. Pero cuando usó ese ejemplo extremo, Jesús estaba tomando precisamente ese aspecto de la dificultad de mover una montaña. Si los planes de Dios requieren que el Monte Everest sea arrojado por encima del continente para caer en el Pacífico, usted podría pedirle que él lo hiciera, y él lo haría respondiendo a su fe. No hay nada demasiado difícil para Dios. Levantar el Everest es tarea simple para un Dios que desliza el universo en el tiempo. Si usted tiene un pedido difícil, no tiene porqué temer. El poder de Dios no tiene límites, su amor y bondad hacia nosotros no tiene medida.

Sin embargo, también debemos tener en cuenta la naturaleza de nuestra petición. Por ejemplo: 'Dios, ¿podrías hacerme el favor de matar a mi vecino? Lo odio. En el nombre de Jesús, ¡amén!' O: 'Dios, ayúdame a engañar con eficiencia para que pueda sustraerle a mi socio el dinero que necesito. En el nombre de Jesús. ¡Amén!'

Podemos advertir de inmediato que Dios no responderá a semejantes oraciones. La razón para negarlo no sería una dificultad técnica en la ejecución. Los 'accidentes' son cosa fácil para Dios. Pero peticiones tan blasfemas violentan la naturaleza de Dios y de su reino. Él se niega a ser instrumento del odio criminal o del robo. En realidad se niega a ser instrumento de nada ni de nadie.

Los ejemplos pueden ser extremos, pero se trata de que captemos la idea. Hay determinadas cosas que Dios *no hará*, no importa cuánta fe podamos tener. Al orar, debemos preguntarnos: '¿Estoy pidiendo algo que es coherente con la naturaleza de Dios, con sus propósitos, con su reino, con su voluntad?' La oración no nos fue dada esencialmente para nuestro beneficio (aunque pueda darnos mucho provecho), sino para capacitarnos a colaborar con Cristo en la consumación de su reino. Esto queda mucho más claro cuando tomamos en cuenta el contexto de las palabras de Jesús que hemos venido citando. Y quiero agregar que nunca será la voluntad de Dios imponer sus bendiciones a nadie, haciéndoselas tragar por la fuerza.

> Hay determinadas cosas que Dios no hará, no importa cuánta fe podamos tener.

'Hemos aprendido en los últimos años mucho más de lo que jamás hubiéramos aprendido sin estos problemas,' escribe una misionera, madre de cuatro hijas, dos de las cuales trajeron la tragedia y el deshonor a la familia. En su carta continuaba diciéndome: 'Creo que Dios dio a cada persona una voluntad libre. El conflicto surge cuando descubrimos que nuestros hijos también tienen albedrío y lo están ejerciendo.'

Dios, en su amor, se tomará cualquier molestia para llevar a un hombre o a una mujer a enfrentar la realidad. A Saulo se le presentó una luz insoportable que le produjo ceguera. Pero Dios no obligará al caballo a tomar el agua aunque lo haya arrastrado hasta el lugar.

Aquí hay una clave respecto a cómo debemos orar por nuestros hijos o por cualquier otra persona. Podemos con toda confianza pedir a Dios que abra los ojos del que está moral o espiritualmente ciego. Y por sobre todo podemos pedir que la gloria del rostro de Cristo los ilumine y deshaga la ceguera que les produce el dios de este mundo (2 Corintios 4.4). Podemos hacerlo con la seguridad de que Dios no solo nos escuchará sino que le complacerá respondernos.

Pero no podemos pedirle que 'obligue' a un hombre, a una mujer o a un niño a amarlo y a confiar en él. Que los libere del peso de la tentación: sí. Que les dé una y otra oportunidad: sí. Que les revele su belleza, su amor, su perdón: sí. Pero obligar a un hombre que hinque ante él su rodilla contra su voluntad: jamás en esta vida terrenal. Y obligarlo a depositar su confianza en él: jamás.

Podría seguir enunciando ejemplos de promesas mal usadas, aunque mi tesis debería haber quedado ya bastante clara. Recuerdo en este momento la experiencia de Nancy y Juan. Me recuerdan a tantos cristianos que he conocido que se aferran a versículos como los que hemos citado, y lo hacen de una forma que resulta destructiva. Sus oraciones están dirigidas a un dios inventado por ellos; su fe se ha transformado en un autoengaño.

Cómo manipular a Dios

He dicho antes que Dios se niega a ser instrumento de nada o de nadie. Sin embargo, en los últimos años he visto a los cristianos usando la alabanza como un medio para intentar que Dios se postre ante ellos.

Dios usó al movimiento carismático para recordarnos que habíamos olvidado cómo alabarle. El pueblo de Dios *debe* alabarlo. Él *merece* nuestra alabanza. Y lo que es más sorprendente, nuestro propio espíritu se dinamiza y nuestra alma se engrandece cuando magnificamos su nombre, sea en privado o en la congregación. Al alabar descubrimos una nueva dimensión en nuestra vida. Empezamos a advertir para qué hemos sido creados.

La alabanza tiene otros efectos secundarios. Puede desarmar su depresión. Quizás usted comience el tiempo de alabanza sumido en un abismo de tristeza, y luego se eleva a regiones de luz y gozo. Los efectos no son temporarios. Siempre que no se trate de una enfermedad depresiva, practicar la alabanza como una forma de vida puede transformar su experiencia cotidiana en un gozo continuo.

Hasta aquí, todo perfecto. Es bueno alabar, y debemos alabar más a Dios. Por supuesto, solo podemos hacerlo si confiamos en él. Y al hacerlo descubriremos que, como beneficio secundario, recibiremos ánimo, purificación, fortaleza.

Sin embargo, hasta en esto hay riesgos sutiles. La alabanza no es una técnica psicológica. Es bueno alabar a Dios cuando uno está deprimido, pero debemos alabarle porque él es digno de alabanza, no porque por medio de ese gesto obtendremos alivio.

El peligro se torna agudo, tanto en lo que se refiere a la blasfemia como a la destrucción psíquica personal, en lo que se ha dado en llamar 'el poder de la alabanza'. No cabe la menor duda de que el poder de Dios se libera sobre la tierra cuando el pueblo de Dios se regocija en su majestad y su grandeza. Hay relatos impresionantes tanto en la Biblia como en la actualidad acerca de este fenómeno. Sin embargo, a veces se promueve esto como si fuera un truco mágico.

Tengo una amiga cuya hija de diecisiete años bebe en exceso, incursionó en diversas drogas, tuvo tres intentos de suicidio y dos abortos ilegales. Mi amiga es una mujer sola, oprimida por el desgastador esfuerzo de tratar de mantener unido su hogar (tiene dos hijos menores) y por una mezcla de ira y compasión hacia su hija mayor.

'Prueba el poder de la alabanza,' le sugirió una amiga cristiana. '¿Nunca has alabado a Dios por los intentos de suicidio que cometió tu hija, o por lo mucho que bebe?'

Mi amiga se espantó. Conocía suficiente de la Biblia como para tener dudas acerca de la teología que respaldaba esta sugerencia, pero no pudo resistir el impacto del entusiasmo de su amiga y los maravillosos relatos de 'liberación por medio del poder de la alabanza'.

Dios se niega a ser manipulado.

'¡Dios tiene que responder a la oración! ¡No puede resistirse! Y lo que es más, el diablo tampoco puede resistirla. Los demonios huyen. ¡Alaba a Dios, nada más! ¡Alábalo por el desastre en que está sumergida tu hija! ¡Alábalo porque estás hecha pedazos y ya no puedes resistir más! ¡Alábalo porque él se hará cargo!'

Repetidas veces he condenado esta sugerencia porque deshonra a Dios y es dañina. Puede levantar el ánimo, pero solo por efecto de un truco psicológico.

En primer lugar, no hemos sido llamados a alabar a Dios por la maldad. Él no se regocija en el mal y nosotros tampoco debemos hacerlo. Alabarlo por algo así es como felicitar a una madre cuando su niño ha sido aplastado por un auto. Es a la vez inapropiado y repulsivo.

En segundo lugar, la alabanza es expresión de confianza y gratitud, y no una técnica para ejercer presión sobre Dios. No todos los cristianos lo dicen de manera tan explícita como esta mujer, pero hay libros que lo expresan así. Sé que en algunos pasajes de la Biblia se describe a Dios 'arrepintiéndose del mal que había planeado', ante una confesión y un ruego sincero. Pero en ninguna parte se considera a la alabanza como un arma en las manos del hombre para obligar a Dios a hacer algo que los propios seres humanos desean. No se puede manipular a Dios con ninguna técnica. El 'poder de la alabanza', tal como muchas veces se enseña y practica, es una forma de blasfemia. Reduce a Dios a una especie de máquina celestial. 'Inserta un poco de alabanza, oprime el botón apropiado, y obtendrás lo que deseas.'

Es fácil advertir que las consecuencias pueden ser tan trágicas como las de aquellos casos de fe mal orientada de la que hablé antes. Rompe el corazón ver a un hombre quebrado por la aflicción, musitando alabanzas a Dios porque su hijo se está muriendo en el hospital después de haber sido atropellado por un auto cuando yacía ebrio en la calle, convencido de que esta forma de alabar será el mejor recurso para salvar a su hijo de la muerte y conducirlo a una vida de servicio a Dios.

Ese hombre tiene el corazón destrozado. Su vida está hecha pedazos... Sería muy diferente si dijera: 'No llego a comprender, pero sé que serás fiel en toda circunstancia. ¡Y en medio de las tinieblas, seguiré confiando en ti!' ¡Cuán crueles son los que comercian con el poder de la alabanza! Cuando el muchacho se muere en el hospital, ¿cuál es la reacción del padre? Ya es duro enfrentar la tragedia y la muerte en sí mismas, cuánto más lo será si tenemos el acicate de la culpa producida por una superstición que destruye el alma y pretende manipular a Dios.

Dios no puede ser manipulado. Tales intentos pueden provocarle ira. 'Se entregaron a un deseo desordenado en el desierto y tentaron a Dios en la soledad. Él les dio lo que pidieron pero envió mortandad sobre ellos' (Salmos 106.14–15). Un padre sabio a veces deja que su hijo aprenda a través de la experiencia el sabor amargo de aquello que deseaba tan intensamente. Quizás sabemos lo que queremos. Quizás hasta tengamos éxito en obtenerlo (si somos lo suficientemente necios). Pero antes de entrar en alabanza a Dios, asegurémonos de estar en sintonía con él y de que cualquier cosa que pidamos coincida con lo que él quiere para nosotros y para nuestros hijos.

Los pactos de Dios

Los pactos de Dios encierran promesas especiales que Dios se compromete a cumplir. La confusión surge porque las promesas pueden aludir a la propia persona o a sus descendientes.

Por ejemplo, años antes de que Dios estableciera el Nuevo Pacto, su contenido ya había sido revelado a Jeremías: 'Les daré un corazón y un camino, de tal manera que me teman por siempre, para bien de ellos y de sus hijos después de ellos' (Jeremías 32.39). Sin embargo, las promesas de Dios son condicionales. Solo aquellos que cumplen con lo pactado disfrutarán de sus beneficios. Se deduce entonces que si bien las promesas de Dios se proponen el bienestar de nuestros hijos, ellos, lo mismo que nosotros, deberán cumplir con sus propias obligaciones dentro del pacto, si es que las promesas de Dios han de realizarse.

Jeremías aclaró perfectamente, antes de describir lo que sería el Nuevo Pacto, que las promesas de Dios no pueden pasar por alto el principio de la responsabilidad personal. 'En aquellos días no dirán más: Los padres comieron las uvas agrias y a los hijos les da dentera, sino que cada cual morirá por su propia maldad; a todo aquel que coma uvas agrias le dará dentera' (Jeremías 31.29–30).

Ezequiel expone el principio con más detalle, ampliando la idea de que tanto las bendiciones como las maldiciones se cumplirán en relación con la respuesta que cada persona dé al pacto (Ezequiel 18.1–24). El pacto de Dios ofrece beneficios y bendiciones para los hijos de padres consagrados, pero no las garantiza.

Nuestro deseo de ser consolados puede inducirnos engañosamente a leer en las Escrituras lo que en realidad no dicen. Los pactos de Dios nos revelan su gracia, pero nuestra participación en ellos sirve a la gloria de Dios más que a nuestro beneficio personal. El hecho de que Dios eligiera la casa de David no pretendía beneficiar particularmente a David ni a sus hijos: detrás del pacto están los planes más amplios de la misericordia de Dios y de la revelación de su propia gloria.

Si solo pudiéramos armar el rompecabezas, estaríamos en paz. Si tan solo nos garantizaran que, pase lo que pase, todo terminará bien con nuestros hijos, podríamos respirar aliviados y morir en paz. ¿Y quién negaría a un padre el derecho a tener estos anhelos? ¿No nacen nuestros deseos, al menos en parte, del corazón mismo del Padre celestial? Pero los pactos establecidos con Abraham, Moisés, David, y con nosotros mismos, no son asuntos mecánicos. La historia bíblica debiera al menos mostrarnos esto claramente.

Permítame preguntarle, a usted que ya sabe que Dios le ha dado un corazón nuevo y un anhelo interior de seguirle: ¿Lo sigue siempre? ¿Impide su nuevo corazón que usted caiga a veces en pecado? Si usted no está inmune a la posibilidad de una actitud rebelde, ¿piensa que lo están sus hijos?

Usted me preguntará, seguramente, ¿acaso Pablo no le aseguró al carcelero de Filipos que por la fe obtendría salvación para él y para toda su casa? ¿Acaso no fueron bautizados todos los miembros de su familia? Sí, por supuesto. Pero hay un paso muy grande entre la alegría de la bendición recibida en esa ocasión y la actitud de presuponer que los hijos del carcelero (en el caso de que los tuviera realmente) crecieran como inmutables trofeos de la gracia. Ni siquiera está dicho claramente que la salvación que pedía el carcelero fuera salvación del pecado. Es más probable que pidiera ser salvado de sus temores, y la contestación de Pablo tuvo que ver expresamente con la inmunidad física ante la ira que tendrían las autoridades civiles cuando sospecharan la fuga de los prisioneros.

No cabe la menor duda, por cierto, de que la gracia actuó en la familia del carcelero. Pero no podemos deducir a partir de tan escasa evidencia que Dios promete imponerse sobre el albedrío de nuestros hijos. Nunca hubo tal implicancia en la fidelidad prometida por Dios. Esto iría contra su propio carácter y contra la relación que él establece con cada miembro de la raza humana.

¿Y qué de mi relación con Adán?

La Biblia declara que Dios 'elige' a quienes mostrar misericordia. 'Así que no depende del que quiere, ni del que corre, sino de Dios que tiene misericordia' (Romanos 9.16). Por eso hablamos de la gracia 'soberana' de Dios.

Hasta aquí he sostenido con firmeza que Dios no obliga a nadie a tragarse su misericordia por la fuerza, y cualquier persona puede decidir rechazarla. He sostenido que la relación que Dios ha establecido con los seres humanos desde Adán en adelante es una demostración de este principio. Sin embargo, lo que Pablo dice en Romanos (junto a otros pasajes), me obliga a analizar nuevamente mi tesis.

No tengo ningún deseo de sumergirme en la clásica controversia entre el albedrío y la predestinación. ¿Cómo podría resolverla en uno o dos párrafos? Quizás sería mejor reflexionar acerca de qué es lo que Pablo estaba analizando cuando presentó esa categórica afirmación en Romanos 9.16. Si uno lee cuidadosamente la epístola completa, se deduce que Pablo no está preocupado por analizar el tema acerca de nuestro albedrío, sino por mostrar que Dios no solo es todopoderoso y soberano, sino también misericordioso y lleno de gracia, de tal manera que ningún ser humano tiene derecho a reclamarle algo ni a enorgullecerse delante de él. ¿Decidí yo mismo aceptar su misericordia? ¡Que no sea eso motivo de orgullo sino que me lleve a postrarme en el polvo ante Dios! No tengo nada que atribuir a mi propio mérito ante un Dios que gratuitamente me ha dado tanto la posibilidad de comprender como de aceptar su misericordia.

> En su condición de padre usted no tiene ni el derecho ni la posibilidad de controlar el destino de sus hijos.

Nuestros hijos pueden llegar a percibir las cosas de Dios no importa cuán alejados estén o puedan llegar a estar de Dios. Pueden recibir la capacidad necesaria para percibir con claridad y para elegir. Es un derecho que sus hijos tienen a través del Pacto establecido por Dios. Es por esto que debemos interceder. Pero en su condición de padre usted no tiene ni el derecho ni la posibilidad de controlar el destino de sus hijos. Eso es algo que será decidido entre su hijo y Dios.

Recuerdo un soleado día de verano en París, cuando me arrodillé en un hermoso parque para orar pidiendo un segundo hijo. Habían pasado cuatro años desde el nacimiento de nuestro primer hijo, y estábamos ansiosos por crecer como familia. Pasaba el tiempo y consultábamos a los clínicos, pero nuestra aparente esterilidad no tenía explicación fisiológica. Yo oraba con sinceridad pero de manera mecánica. Era la reiteración de una cláusula que formaba parte del pacto que yo había propuesto a Dios, y que en general expresaba lo siguiente: 'Realmente deseo que este hijo sea una honra tanto para mí como para ti. Quiero que sea un verdadero discípulo de Jesucristo. De lo contrario, preferiría no tenerlo.'

De pronto estalló como una bomba una reflexión en mi mente. Desde el cielo sin nubes pareció llegar una respuesta que decía: '¿Y que de mi relación con Adán?'

Comprendí de inmediato lo que me quería decir. Dios no nos creó como autómatas sino que nos creó a su imagen, con voluntad propia y por lo tanto con la capacidad de elegir agradar a Dios o desairarlo, obedecerlo o rebelarnos contra él. Y nosotros habíamos elegido nuestro propio camino y no el de Dios.

Seguramente Dios sabía de antemano lo que iba a ocurrir. Pasado, presente y futuro son una sola cosa para él. Habrá previsto las guerras, la crueldad y todo el horror de la historia de la humanidad. Y a pesar de saberlo, nos dio el regalo, no solo de la existencia, sino de la vida misma.

El dilema teológico es enorme y no podría analizarlo a fondo aunque tuviera tiempo para hacerlo. Con estupor advertí no solo lo que Dios me estaba preguntando, sino también el egoísmo y la superficialidad que se escondía en esa cláusula escapista de mi contrato con Dios.

¿Estaba yo dispuesto, como Dios, a dar el don de la vida no importa cuáles fueran las consecuencias, no importa cómo mi hijo eligiera usar esa vida? Por mi mente pasaron raudamente miles de horrorosas posibilidades. Un temor cada vez más grande empezó a inundarme. Yo estaba pidiéndole a Dios que me permitiera generar vida. Él me respondía que yo no tendría control sobre el fruto de mi cuerpo y el resultado de la vida que yo produjera. ¿Estaba yo dispuesto a dar vida a alguien que pudiera traerme humillación, dolor, desgracia?

Este asunto es fundamental para comprender todas las relaciones humanas, y no solo las de padres e hijos. Podemos enseñar, aconsejar, entrenar, disciplinar, amar. Pero si no podemos considerar a un niño como algo más que una mera extensión de nosotros mismos, significa que no hemos siquiera comenzado a comprender qué es la vida.

¿Ha sentido, estando en alguna situación de terrible desesperación y sufrimiento, que preferiría que alguno de sus hijos no hubiese nacido? ¿Ha llegado a desear que ese hijo desapareciera o muriera? ¿Cuántas veces ha exclamado 'Ya no puedo más'? Quizás su dolor y su vergüenza se han acrecentado porque aún no ha aprendido la más esencial de las reglas: nunca podrá controlar a otro ser humano, aun cuando ese ser sea su propio hijo. No tiene derecho a hacerlo. Usted puede disciplinar y enseñar; usted puede entrenar; puede señalar el curso correcto; puede modelar ciertos 'patrones de comportamiento'; puede reflexionar y suplicar. Pero nunca podrá controlar. Dios ha puesto el destino último de su hijo en las manos de éste.

No me fue fácil decirle a Dios: 'Sí. Dame otro niño… no importa el camino que ese niño elija en la vida.' Pero lo dije. Y lo dije honestamente. Cuando me puse de pie no era la misma persona que antes de arrodillarme.

La percepción que recibí esa soleada tarde en París no evitó que sufriera como padre. Pero me dio una pauta básica, una soga de la cual sostenerme en medio de la oscuridad, una manera de caminar aun cuando no veía nada delante. Fue mi primera lección (y puedo asegurar que no fue la última) sobre lo que significaba ser padre.

Comienzo del sufrimiento

Segunda parte

El deterioro
de la confianza

04

Marta había escrito en su diario respecto a su hija: 'Hay algunos rasgos inquietantes que producen un leve oleaje en la superficie de las aguas habitualmente calmas. Controlamos la situación con firmeza y comprensión, y nadie más que nuestros amigos más cercanos están al tanto...'

Todavía no había de qué alarmarse. ¿O sí? En realidad, aunque en ese momento Marta no lo advirtiera, sí había de qué afligirse. Su diario continuaba: 'Hemos sabido acerca del caso de un adolescente confiable que durante un año había estado engañando a sus padres sin ser descubierto. Pero finalmente todo salió a la luz: drogas, hurtos, etc. Y ese muchacho tiene padres cristianos comprensivos, como nosotros. TENGO MIEDO. ¡Señor, si esto nos llegara a pasar a nosotros, me volvería loca, no podría soportarlo!'

Ocurrió, pero no se volvió loca. Sí pudo soportarlo. Quizás una clave de su fortaleza se trasluce en una carta posterior: 'Ese sube y baja entre la paz y la angustia me molestaba. Pero luego pareció abrirse un camino, cuando me convencí de que la ansiedad excesiva era un pecado del cual debía arrepentirme y lo que lograba esa ansiedad era que yo pasara más tiempo escuchando las insinuaciones de Satanás (y si...) que las verdades de Dios. Por esa época empecé a estudiar los Salmos, sin apuro, con ayuda de un buen comentario. Su pertinencia fue para mí una sorpresa y un enorme consuelo.'

Quizás al principio Marta se negaba a ver lo que ya estaba allí. ¿Cómo podemos saberlo? ¿Dónde se traza ese delgado límite entre una conducta conflictiva que se resolverá por sí misma, y los primeros síntomas de un huracán que se avecina? He conocido padres cuya ansiedad fue lo que finalmente empujó a sus hijos a la delincuencia. '¡Ya sé en lo que has andado! ¡Eres una mala chica!'

En los consultorios vemos a chicas y muchachos que sollozan relatando historias similares. 'Me acusaban todo el tiempo. Nunca me creían. Finalmente decidí hacer lo que decían que estaba haciendo. Daba igual.'

Es imperdonable la desconfianza injustificada y expresada con hostilidad. Marta estaba a años luz de esa conducta, pero estaba ansiosa.

Impacto directo

El golpe puede llegar de manera más directa.

'Diana escribió unas sucias cartas a los muchachos y estos se las respondieron,' me explicaba una madre. 'El personal del colegio encontró las cartas y nos informó sobre el hecho.'

Nunca me comentó si había leído las cartas, pero recuerdo el estado en el que se encontraba otra madre que sí las había leído. 'Yo estaba limpiando y ordenando sus cajones. Y entonces encontré esas cartas. Supongo que no debí haberlas leído, pero estaban allí, abiertas, y lo hice. También había fotos. Me tuve que sentar, descompuesta. ¿Dónde había aprendido todo eso? Eran unas criaturas: él de trece y ella de catorce. Hablaban acerca de las distintas formas de sexo que habían practicado, lo bien que les iba hurtando en los negocios, lo imbéciles que eran los policías y los padres. Jimena no decía nada malo acerca de nosotros, pero el muchacho decía cosas increíbles acerca de sus padres. Y Jimena se jactaba de cómo pasaba droga y del dinero que ganaba haciéndolo, cuánto robaba, y de los planes que estaba haciendo para escaparse con el muchacho...'

La madre de Jimena se había sentado ese día sobre las mantas desordenadas en la cama de su hija, mientras su universo lentamente se iba trastornando. Sentía una clase de ira que nunca había sentido, una rabia ciega y criminal que la impresionó más que las cartas que había leído. Se sintió aterrada, sin aliento, débil. Luego el dolor se abrió paso a través de la ira; era un dolor que no tenía nada de lástima de sí misma (estaba demasiado enojada como para tenerse lástima). Era un dolor que iba a sentir en diversos grados durante los próximos dos o tres años.

Si esta madre hubiera sabido que los adolescentes tienden a exagerar para impresionar a sus pares con cartas más terribles que la realidad, como hacen los pescadores que describen sus presas o los humoristas que intentan tapar un cuento con otro mejor, quizás su sufrimiento se hubiera aliviado un poco. De todos modos, los pensamientos que las cartas reflejan pueden ser el anticipo de la conducta que describen.

Bárbara Johnson dice que cuando los padres se enteran por primera vez de algo así, quedan como estampados contra el cielorraso...

Es una imagen acertada. A menudo es así como comienza el sufrimiento de los padres. Luego hay que arrancarse de allí, y caer sobre el suelo duro; juntar los pedacitos de uno, lentamente; ponerse dificultosamente sobre los pies y empezar a caminar. No hay alternativa; hay que seguir andando. Y en medio del dolor, las cosas deben hacerse sin proyectar el resentimiento sobre la familia, menos aún sobre el hijo que ha producido el dolor. Ellos saben que nos han herido. No necesitamos ni debemos aplastarles la cara contra la tierra.

No todos los padres quedan estampados contra el cielorraso. El horror a veces se va mostrando lentamente, como una vedette que va desvistiéndose poco a poco. Para Joaquín todo comenzó cuando fue violada su hija Raquel, de trece años (o más bien cuando ella llamó desde la comisaría sollozando para decir que había sido violada); Joaquín y su esposa se presentaron en la seccional para escuchar mientras un policía gentil y amable indagaba el relato de Raquel. ('No puedo decir nada de la policía. Realmente fueron gentiles, amables y pacientes.')

Pero a medida que pasaron los meses, los detalles de la historia de Raquel se hicieron más complejos y desconcertantes. Lo que explicaba acerca de las noches que pasaba afuera no concordaba. Lentamente apareció el rompecabezas completo: Raquel era, por su propia voluntad, la pieza central de una círculo de sexo en el colegio secundario, y la historia de la violación no era sino una pantalla. La experiencia de Joaquín no fue la de un golpe drástico, sino una serie interminable de humillaciones y sufrimientos a medida que salían a la luz los pedacitos de información, pedacitos que iban conformando una sórdida pintura. Joaquín me informó del último eslabón sin que hubiera modulación alguna en su apagada voz: 'Parece que todo había comenzado con el incesto en nuestro propio hogar años atrás. Mi segundo hijo, Raúl, y Raquel habían...' Bajó los ojos. No sé qué estaría pensando, y tampoco se lo pregunté.

Enfrentando los problemas

En algún momento me pregunté si debía encarar en este libro uno por uno los distintos problemas en que se meten los adolescentes: drogas, alcoholismo, crimen, homosexualidad, casamientos secretos, embarazos, paternidad precoz, etc. Pero advertí que hace poca diferencia el tipo de problema de que se trate. Las reacciones de los padres son similares. La crisis es crisis. La desconfianza es desconfianza. La ira es ira, la angustia es angustia y la desesperación es desesperación. No importa cuál sea la causa de nuestro problema, nuestras reacciones siguen esquemas similares.

Mi meta es abrirle una puerta por la que pueda acceder a una vida más plena y rica que la que nunca antes tuvo. Dios se especializa en producir bien a partir del mal, fortaleza a partir del sufrimiento, y gozo a partir de la tragedia.

El bien comienza cuando uno mira la verdad de frente, no importa cuánta náusea nos produzca. No importa cuánto desee marcharse y vivir en otro sitio, lo cierto es que se casó y tuvo hijos. Están vivos y son suyos. Los problemas no desaparecerán simulando que no están.

Sus problemas incluyen sus sentimientos: su dolor, su ira, su terror, su desconsuelo, su vergüenza, su humillación, y ese deseo de gritarle a alguien (cónyuge, hijo, amigos de su hijo, maestros), o bien encerrarse en el baño y no hablar con nadie. Enfrente sus problemas. Existen. Admita la sensación de desesperación. Mirar sus problemas de frente de manera honesta, es el primer paso para estar en condición de resolverlos.

Aprendiendo a desconfiar

'Creo que podría soportar cualquier cosa, si tan solo pudiera confiar en mi hijo.'

'¿Qué es lo que realmente hace cuando sale con sus amigos? ¿La razón que dio de su llegada tarde fue real? ¿Trajo el vuelto exacto del dinero? ¿Fue donde dijo que iría o fue a algún otro lugar que nosotros no aprobaríamos? ¿Estuve acertada al decirle que nunca lo acusaría de nada a menos que tuviera pruebas concretas? ¿Estuve en lo correcto cuando en varias oportunidades le pedí perdón por acusarlo y él me aseguraba que mi acusación era infundada? Sí. Siempre sentí que estaba haciendo lo que debía hacer.'

Sin embargo, a pesar de su sensibilidad e integridad, en realidad esta mujer era ingenua y estaba pagando caro su ingenuidad.

'Tuve que aprender a amar a Natalia aun sin confiar en ella,' me dijo reflexivamente un padre. 'Amar no significa cerrar los ojos a algo.' Meses más tarde Natalia le dijo entre sollozos a su padre: 'Papá, he mentido tanto que ya no sé cuándo estoy mintiendo.' Se había estado extraviando dinero de la casa, y ahora se lo confesó a su padre.

En muchos hogares la amargura y las acusaciones erupcionan como un volcán.

—¡Estás mintiendo!

—No estoy mintiendo. Ni siquiera vi el dinero. Ni siquiera pasé cerca de tu habitación.

—Juan, sé que me estás mintiendo.

—No estoy mintiendo —Juan está ahora dando alaridos, los ojos enrojecidos y los puños cerrados—. ¡Ustedes nunca creen en mí!

—Por supuesto que no. ¿Cuántas veces has actuado como ahora, y finalmente tienes que reconocer la verdad?

—Pero no estoy mintiendo esta vez...

Y así se ahonda la amargura, que como un ácido corroe a los miembros de la familia. Por lo pronto, nada se resuelve. Padres e hijos son antagonistas. El padre está airado o deprimido, no tanto por el dinero o por alguna cosa de valor que haya desaparecido como por la imposibilidad de atravesar las defensas del muchacho y comprobar que está actuando incorrectamente. El hijo, por su parte, se siente asediado por la hostilidad.

Para muchos padres lo más difícil de sobrellevar es la permanente atmósfera de desconfianza. Algunos padres se despiertan de noche y oyen que una puerta se cierra o se abre. ¿Una ida al baño? Comienzan a preocuparse. '¿Guardé todo lo que convenía guardar? ¿Qué hice con el regalo para Roberto? ¿Y con mis aros nuevos? ¿Dejé las llaves del auto en el bolsillo de mi saco?' (Hay tantas cosas en las cuales pensar en una familia numerosa...) Silenciosamente el padre o la madre se levantan de la cama abrigada y se envuelven en una bata para ir a revisar la casa.

Para muchos el momento crítico es cuando descubren que algo está faltando. ¿Mal guardado? ¿Escondido en un lugar tan especial que ahora ya no se recuerda? 'Tengo la sensación de haberlo puesto en el cajón. ¿O no lo hice?' Y entonces, las dudas. Silenciosamente, la familia se divide entre aquellos que mantienen la confianza entre sí y aquellos que no la tienen. Pueden darse estallidos ocasionales de acusaciones mutuas entre los hijos, y entonces uno o ambos padres se quedarán allí, sentados, sin saber si intervenir o no, ni cuándo hacerlo.

'Papá, no quiero seguir robando,' declaró llorando Carlos, de catorce años. 'No sé porqué lo hago. Oré. Me entregué al Espíritu Santo, como dijo el pastor. Pero luego vuelvo a robar. Creo que nunca podré cambiar. ¿Papá, qué puedo hacer para dejar de robar?'

Pero su papá no sabía. Nunca en su vida había robado. Lo único que atinaba a pensar en ese momento era evitarle las tentaciones, es decir que guardaba su billetera todas las noches, escondía las llaves del auto, y mantenía ciertos cajones bajo llave. Significaba también planificar cuidadosamente cómo hacer que Carlos retribuyera sus hurtos sin que por ello se quedara sin nada de tiempo y recreación para sí. Y eso sí que era difícil. No solo porque Carlos había robado mucho sino porque también evadía los compromisos de trabajo.

Ni condenar ni rechazar

Los chicos mienten porque tienen miedo de lo que puede ocurrirles si confiesan la verdad. Pero los padres no deben simular que de allí en adelante pasarán por alto la mala conducta. No se puede curar la mentira pasando por alto las consecuencias de la conducta. Quizás usted haya sido demasiado severo, demasiado duro y le haya hecho sentirse rechazado por la manera en que manejó su desobediencia en ocasiones anteriores, y entonces su hijo tenga un temor exagerado. Pero aun así, si el daño ya ha sido hecho, el problema práctico que se enfrenta ahora es cómo reducir el temor. ¿Podrá reducirse simplemente diciendo: 'Muy bien, no vamos a enojarnos más, no te castigaremos más, no importa lo que hagas'?

Por otra parte, hay padres que han sido sensatos en su manera de tratar con la desobediencia, pero sus hijos siguen mintiendo igual. Es decir que la dificultad subsiste. Como padres enfrentamos el conflicto de enseñarles a nuestros hijos que decir la verdad es bueno y valioso, pero al mismo tiempo debemos castigarlos por la conducta que nos confiesan.

¿Y qué decir de sus propios sentimientos? Su hijo miente, o roba. Usted se siente impotente, totalmente incapaz de evitar que su hijo o su hija mientan o roben si deciden hacerlo. Es poco probable que dejen de hacerlo de un día para otro. Es como si estuvieran en una pulseada.

Usted tiene que aceptar la realidad. Regañar y rabiar no será de ayuda para ninguno de los dos. No mejorará nada poniéndose furioso, y lo más probable es que solo empeore las cosas. Enfrente los hechos: Timoteo tiene un problema. Miente y roba. Pero recuerde que, al mismo tiempo, una parte de su persona desearía dejar de mentir y robar. Quizás usted nunca tuvo ese problema, y se siente inclinado a decir que la conducta de su hijo es deliberada. Sin embargo, quizás la rebeldía de Timoteo encubra su propia impotencia y sus sentimientos de culpa. Es cierto que miente deliberadamente, pero las mentiras de Timoteo no son más ni menos intencionales que la amargura de un padre.

Necesitará la máxima ayuda y comprensión en la batalla contra el pecado.

Verlo de esta forma será una ventaja. Será una enorme ayuda dejar de percibir el asunto como una lucha de dos voluntades, la suya y la de su hijo. Quizás inconscientemente haya estado dando por sentado que usted cuenta con el poder para obligarle a decir la verdad en cualquier circunstancia y hacer de él un chico confiable, en virtud de su firmeza, paciencia, lágrimas angustiadas y argumentos lógicos. Pero nunca lo logrará si el hábito ya está firmemente instalado. Y la lucha por intentar modificarlo de esa manera puede destruirlos a ambos. Se trata de un problema que solo Dios y su hijo pueden resolver.

Mentir y robar son pecados que han llegado a dominarlo. Se han hecho hábitos, hábitos que él no tiene el poder de romper; usted debe considerarlo de esa forma, como un ser vencido ante la tentación. Busque en su propia vida una debilidad sobre la que tiene poco o ningún control. Y ahora trate de comprender que su hijo tiene tan poco control sobre su conducta de robar o mentir que el que usted tiene sobre ese defecto.

Timoteo es vulnerable a la tentación. Antes de inventar una mentira ha surgido la tentación de mentir. La tentación puede nacer mucho antes de que se pronuncie la mentira. Quizás ahora pasa rápidamente de la tentación a la acción, pero la tentación siempre está allí. Y cuando inicie la larga y empinada cuesta por tratar de ser otra vez una persona confiable, enfrentará aun más tentación. A medida que su conciencia se torne más sensible para luchar contra los hábitos de la mentira a los que antes respondía sin vacilar, Timoteo necesitará la máxima comprensión y ayuda en su batalla contra el pecado.

El problema es de su hijo o hija, no suyo. Usted no puede resolver el problema por él, de modo que deje de intentarlo. Hasta que él no desee de todo corazón superarlo, hasta que él mismo clame pidiendo ayuda —a Cristo y a usted—, no ocurrirá absolutamente nada. Mientras tanto, lo único que usted puede hacer es orar y adaptarse a vivir con el problema, haciendo las modificaciones necesarias para protegerse usted mismo, proteger a su hijo y al resto de la familia por su falta de confiabilidad.

No dé por sentado que a él le gusta mentir o que su conciencia está satisfecha haciéndolo. Dios ha puesto en su interior hambre por la verdad, un hambre que nunca se calmará y que solo la verdad puede satisfacer. Es importante que usted se lo haga saber. Es importante que usted llegue a ser su aliado, aliado con sus más profundos deseos y anhelos.

Algunos libros dicen que los niños reaccionan favorablemente a la confianza. Confíe en ellos y ellos irán ganando cada vez más su confianza, dicen. Si desconfía de ellos, aprenderán a mentir y a engañar. Supongo que hay cierta medida de verdad en este concepto. Por cierto que a los niños les gusta que confíen en ellos. ¿No es así con todos nosotros? Pero esta no es la historia completa. Algunos niños se sienten más seguros si son controlados. Para algunos la confianza será como una hermosa puerta hacia una relación más profunda, mientras que para otros provocará una terrible tentación de elegir alguna otra cosa.

Por lo tanto, padres e hijos deben enfrentar el asunto de la mentira y el engaño no una sino muchas veces. Al prepararse para una conversación, repítase a sí mismo lo siguiente:

1. No puedo obligar a mi hijo a que se declare culpable. Solo puedo estimularlo a que lo haga. Mi propósito es darle la oportunidad para hacerlo.

2. La mentira es un problema de mi hijo, no mío. Pero sé que muy en lo profundo de su ser quiere ayuda para resolverlo.

3. No debo asustarme por la ira o la amargura de mi hijo. Son producto de su miedo y de su culpa.

4. Nunca puedo estar totalmente seguro de cuánto me está mintiendo o si realmente está mintiendo. Por lo tanto no debo declarar que sé lo que no puedo realmente asegurar, ni puedo obligar a mi hijo a hacer una confesión. No debo hacer el juego de la mentira para conseguir la verdad.

5. Dios sabe todo lo que ha ocurrido, aunque yo no lo sepa. Y él nunca permitirá que las mentiras queden escondidas. Él se preocupa intensamente por mi hijo. Aunque le lleve toda una vida, Dios será fiel.

Obviamente, cuanto mayor sea su hijo, tanto más fácil será manejar estas pautas. Con un adolescente la conversación puede ser más o menos así:

> A veces puedo saber que estás mintiendo, Liliana, y a veces no lo sé. Cuando yo sepa que me estás engañando, te lo voy a reclamar. Pero si deseas engañarme, no siempre podré darme cuenta y detenerte.
>
> Si queremos mantener una buena relación necesitamos tener confianza mutua. La confianza es algo que se aprende. Por el momento no puedo tenerte confianza porque me has enseñado a no tenerla. Quiero aprender a tener nuevamente confianza en ti, pero lleva tiempo. Aun cuando estés diciéndome la verdad, recordaré las ocasiones en que me mentiste. Si te muestro desconfianza cuando

me dices la verdad, en parte es por tu propia culpa. Me has engañado tantas veces, Liliana, que por el momento me cuesta aceptar todo lo que me dices. *Quiero* confiar en ti, pero debes enseñarme a hacerlo, y eso llevará tiempo.

Quiero que dejes de mentir, y sé que es un problema para ti. Una cosa que me molesta es que solo admites tu culpa cuando ya no tienes más remedio que hacerlo. Me daré cuenta de que vas resolviendo el problema cuando expongas los hechos en el momento, sin esperar que te retuerzan el brazo. Otra cosa más. Si bien es difícil decir la verdad, especialmente cuando estás asustada, siempre tienes la posibilidad de volver después y decirme que fue un engaño, que no sabes porqué mentiste, pero lo hiciste. Cuando puedas hacer eso, será evidencia de un verdadero progreso.

Tengo que disciplinarte cuando mientas y luego lo confieses. Esto es lo que te hace difícil decir la verdad. Pero cuando te interrogo y no acepto lo que me dices es, en parte, porque quiero darte la oportunidad de limpiar tu vida.

La mentira nos separa, Liliana. Separa a la familia. Ni tú ni yo queremos vivir en un hogar donde nadie pueda confiar en el otro, y cada mentira nos va distanciando un poco más. En cambio cada vez que se admite una mentira se hace algo más que deshacer esa mentira. Me hace desear abrazarte fuertemente porque sé el precio que estás pagando y cuánto deseas que las cosas salgan bien.

Una conversación no resuelve todo el problema. Pero sí es un buen comienzo. Y lo que es más, puede aliviar buena parte de la tensión en su propia vida. También para su hijo, saber que usted lo comprende aunque no apruebe su conducta le dará un alivio enorme. Puede haber retrocesos en el camino. Pero será peor si usted pretende forzar la honestidad de manera prematura. Si avanza sin apuro, finalmente se sorprenderá por explosiones de verdad que le harán llorar de alegría.

Dejando el camino de la tentación

Al igual que en el caso de la mentira, aprender a vérselas con el hábito de robar que ha desarrollado su hijo también comienza por usted mismo. No estoy pensando, por cierto, en los hurtos ocasionales de un niño pequeño, sino en el hábito afianzado, reiterado tantas veces que parece que nunca se va a interrumpir. A menos que pueda sentirse en paz ante ese hábito de su hijo, el conflicto podría destruirlo. ¿Pero cómo se alcanza la paz?

Obviamente no necesita aprobar el hurto. Tampoco estoy insinuando que se encoja de hombros al respecto. Digo simplemente que usted debe aceptar el hecho de que Arturo tiene la debilidad de robar, que su debilidad no desaparecerá de manera mágica sino que puede perdurar mucho tiempo todavía y que usted no puede controlarlo todo. Si se angustia, no será de ayuda para Arturo ni para usted mismo. Debe aprender a vivir con el problema.

He dicho que hay un límite a lo que usted puede hacer al respecto. Sin embargo hay algunos pasos que puede dar. Si Arturo saca cosas en su propia casa, ya he mencionado que puede poner llave a algunas puertas, armarios o cajones donde se guardan cosas valiosas. Y puede adquirir el hábito de mantenerlos cerrados. Por supuesto, debe explicarle a Arturo y a todos los miembros de la familia porqué hace eso. No tiene que ponerle el rótulo de ladrón. Puede explicar que sus intenciones no coinciden con sus actos, y decírselo. Dígale que pone las cosas bajo llave para evitarle la tentación. Nunca deje su cartera en cualquier lugar; tenga siempre claro dónde están sus llaves, incluidas las del automóvil.

Quizás usted piense: '¡Quiero vivir en una casa, no en una cárcel!' Claro que sí. Nunca resulta agradable perder un hogar donde todos confían en todos. Pero un hogar es un sitio en el que los padres son responsables del bienestar moral de todos los miembros de la familia. Y si hace falta recurrir a las cerraduras para cuidar a Arturo de la tentación, usted le debe a Arturo esa cuota extra de cuidado y protección. Las cerraduras pueden ser un gesto de bondad cuando se usan por razones valederas.

Un amigo abogado insiste que las cerraduras hacen posible una sociedad honesta. Sin duda sería tonto que pensáramos que es la confianza la que genera la honestidad. Las casas victorianas tenían puertas con llave y los bolsillos victorianos se llenaban de pesadas llaves. Pensamos en la época victoriana como un tiempo de honestidad. Puede ser agradable imaginar situaciones idílicas donde el dinero y la propiedad se dejan a la vista y estén seguras. Pero la nostalgia no nos lleva a ninguna parte. Los niños tentados a robar necesitan ayuda práctica y una manera realista de enfrentar su dificultad.

Usted me dirá: 'Pero yo quiero confiar en mi hijo.' Por supuesto. ¿Quién lo culpará por ello? Pero no permita que su anhelo nuble su entendimiento. En este momento no se puede confiar en Arturo, al menos si 'ser confiable' significa ser capaz de superar cualquier nivel de tentación. Ubíquese dentro del marco de limitaciones de Arturo y no le imponga condiciones con las que no se puede manejar, simplemente por satisfacer su orgullo como padre.

Es inmoral tentar a personas débiles exponiéndolas a situaciones que no pueden resistir.

La confianza confirma una honestidad ya existente y le permite que se exprese plenamente. Pero tiene que haber honestidad para poder iniciar el proceso. La honestidad se genera por el aprendizaje, y a veces ni siquiera el entrenamiento es suficiente. Los que tienen la tentación de robar deben ser protegidos contra esa tentación. Es inmoral tentar a personas débiles exponiéndolas a situaciones que no pueden resistir.

Los supermercados, las farmacias y los negocios son sitios donde la tentación está calculada. El mismo truco de venta que apela al bolsillo del adulto apela con la misma fuerza a los dedos de un adolescente débil. (También apela a los dedos de los adultos, y la cantidad de adultos que hurtan supera con creces a los adolescentes.) Los colores brillantes, la disposición en la vitrina, los señuelos intencionales, están todos calculados para debilitar la resistencia y vencer los instintos adquisitivos.

No estoy diciendo que Arturo no tenga nada de qué ser culpado. Más bien estoy apelando a su sentido común para que usted abra los ojos y advierta que los dados están cargados en contra del adolescente, especialmente si sus amigos ya han probado lo fácil que es hurtar y despliegan sus trofeos ante él.

Lamentablemente, no se pueden cerrar los supermercados ni impedir a Arturo que los visite. Pero se puede mantener una mirada atenta: el dinero extra, los 'regalos' y artículos que Arturo no tendría cómo adquirir por su cuenta. Quizás siente que le falla el corazón ante la perspectiva de tener que plantearle el tema. Los disgustos serán cada vez más difíciles a medida que pase el tiempo. No se demore. Pregúntele dónde consiguió el dinero o el bonito obsequio. Y hágale saber que usted está intranquilo.

La actitud básica sería algo así: 'Tranquilo, Arturo. Es cierto que no puedo creer todo lo que dices. Seguiré en esta posición hasta que me muestres que puedo confiar plenamente. Hay demasiada tentación alrededor que te impulsa a seguir el camino fácil, y no voy a dar por sentado que ya has superado todo el problema.'

Esta es una forma de ayudar a Arturo. Es levantar un cerco contra la tentación. Le indica que usted todavía está atento. Si después de la conversación usted sigue inseguro, a pesar de haber revisado todos los argumentos que su hijo le ha dado, podría decirle lo siguiente: 'Bueno, quizás me estás diciendo la verdad, y por el bien de ambos deseo que así sea.'

Los padres tienden a clasificarse en dos tipos: los paranoicos y los ingenuos. ¿De qué tipo es usted? ¿Exagera sus sospechas o pasa por tonto? Si está en un extremo, trate de balancear un poco. La cosa más difícil del mundo, y solo se aprende por la experiencia, es saber distinguir cuándo insistir sobre un tema y cuándo dejar de hablar.

La desconfianza es como 'un sube y baja entre la paz y la angustia', como lo expresaba la carta que mencioné antes. Yo puedo haberle dado una que otra sugerencia práctica, pero la carta que menciono da el verdadero secreto de la estabilidad interior que necesita un padre que lucha ansiosamente ante un hijo en el que no puede confiar. Permítame repetir la cita.

> Pero luego pareció abrirse un camino, cuando me convencí de que la ansiedad excesiva era un pecado del cual debía arrepentirme y lo que lograba esa ansiedad era que yo pasara más tiempo escuchando las insinuaciones de Satanás (y si...) que las verdades de Dios. Por esa época empecé a estudiar los Salmos, sin apuro, con ayuda de un buen comentario.
> Su pertinencia fue para mí una sorpresa y un enorme consuelo.

Esta madre no estaba simplemente hojeando la Biblia para buscar rápido alivio en algunos versículos, sino estudiando. Lo hacía sin apuro. Con la ayuda de un comentario. ¿Usted dice que no tiene tiempo? *Hágaselo.* Si lo hace, se sorprenderá tanto como aquella madre y recibirá un profundo consuelo.

La guerra
y la paz

05

En algunos hogares nunca llegan a disiparse totalmente las señales de mal tiempo. En lugar de prevalecer la suavidad y el cariño, esas casas están habitadas por la amargura, el enojo, el resentimiento y el dolor. Cuando se va preparando una nueva tormenta, aunque en apariencia haya un ambiente calmo, en realidad hay emociones atormentadas que oprimen a cada miembro de la familia.

Hay ocasiones en que la ira es inevitable, y es saludable y necesario poder expresar sentimientos de enojo. Pero las tormentas a las que me estoy refiriendo son enfermizas y destructivas. ¿De dónde provienen y cómo pueden evitarse? ¿Es posible evitarlas? ¿Son inevitables, dada la combinación de personalidades incompatibles que puede darse en una misma familia? Empecemos considerando las tormentas en sí.

Tornados de violencia

Todos hemos leído acerca del maltrato de niños, y nos repugna. Manifestaciones de ira de esa índole no solo nos dejan consternados sino que no podemos entenderlas. Algunos de nosotros nos sentimos perplejos ante *cualquier* forma de ira dirigida a los niños, pensando que es innecesaria y cruel. Hay padres que dan rienda suelta a la ira pero a la vez se sienten perplejos por ello. Con frecuencia la cólera los toma por sorpresa y los humilla, estallando como un mar airado que supera las defensas que han construido para contener el enojo. Terminan sintiéndose tan atemorizados de su propia ira como lo están sus hijos... y además avergonzados. Por la noche se deslizan hacia el dormitorio de sus hijos para contemplarlos con ternura sintiendo el reproche desde las caritas redondas e inocentes. Sacuden la cabeza, suspiran, murmuran inútiles disculpas y se inclinan abruptamente para besar en vano una suave mejilla dormida.

La aflicción de esos padres es mayor que la de quienes los critican. Solo ellos conocen la frustración que implica albergar sentimientos tan incongruentes como la ternura y la ira. '¿Cómo puede ser,' se preguntan de pie ante la cama del niño, 'que haya sentido y hecho lo que hice?' De esa manera, a la ira y a la ternura se agregan la culpa, la vergüenza y quizás la lástima de sí mismos. Se les hunde el pecho y quedan absortos mirando el suelo.

A los etólogos no les sorprende que un padre experimente ira y ternura hacia el mismo niño. Al escribir sobre la agresión, Konrad Lorenz describe el comportamiento de los gansos grises hacia sus pichones.[1] La visión de las aves no opera igual que la nuestra. En lugar de percibir la forma de un objeto, ven una combinación de forma y movimiento. Pequeñas criaturas en movimiento (lauchas, ratas, víboras) son atacadas por los gansos con una ira criminal. La furia tiene un propósito, que es el de proteger a los pichones.

Lo único que asegura a los pequeños gansos de su propia supervivencia es su constante piar. Este piar es una clave que desconecta el furor de la madre. De la misma forma que la contemplación de un niño dormido despierta sentimientos protectores en su padre, el sonido de los pichones inhibe la ira de sus progenitores. Si se coloca una faja al pico de los polluelos de manera que no puedan piar, o se obstruye el oído de la madre (se han hecho estas experiencias), esta no podrá distinguir entre sus pichones y otros seres pequeños en movimiento, y los atacará indiscriminadamente. En ese caso se ha destruido la clave. La gansa no puede controlar la ira. Si se colocan pichones artificiales con una cinta grabada que imite el piar de los naturales, la madre responderá como debe hacerlo todo progenitor. Desconecte la cinta y la verá lanzarse con furia sobre los juguetes.

A los etólogos no les sorprende que un padre experimente ira y ternura hacia el mismo niño.

Los etólogos se inclinarían a explicar la furia de los padres humanos según el mismo esquema que la ira de una gansa gris. Quizás la ira tiene función protectora (o la tuvo antes) y se inhibe ante ciertas características infantiles: la redondez de la cabecita o la torpeza e incoordinación de sus movimientos. Basta que un bebé se acerque con sus pasitos vacilantes, titubee y se caiga sentado con una sonrisa, y usted verá cómo la agresión se disuelve en su interior, tal como la agresión del ave desaparece cuando oye piar a sus pichones. Lo que no están en condiciones de decirnos los etólogos es porqué se descompone el mecanismo humano y cómo podrían controlarse las explosiones de ira.

Anita era una delgada mujer de treinta años, bella, de cabello negro, que vino a verme a causa de sus estallidos de cólera hacia Karina, su segunda hija, de apenas seis meses. Retorcía el pañuelo mientras hablaba y su mirada parecía obsesiva. ¿Era cristiana? Sí, era cristiana, creía que Cristo era Dios y que había muerto por sus pecados. Había sido bautizada en el Espíritu Santo y hablaba en lenguas. Sabía que Dios la perdonaba por amor a Jesucristo, pero ¿cómo podría perdonarle su crueldad hacia Karina?

Le pregunté en qué medida era cruel. Se mordió el labio y quedó mirándome. 'Tiene las nalguitas llenas de moretones,' me confesó. 'Siempre tiene cólicos y hemos perdido muchas horas de sueño a causa de eso. Ya no puedo soportar oírla llorar. Está bien mientras la levanto, pero apenas la dejo empieza otra vez.

Y mi esposo nunca me ayuda. Simplemente se queda sentado sin hacer nada cuando está en casa. Mientras yo limpio la casa, Bernabé, que tiene dos, anda metiéndose en todo y Karina chilla todo el tiempo. Roberto no se ocupa de disciplinar a Bernabé y no le importa que Karina llore. Ya no soporto más.'

—¿Y entonces golpeas a Karina?

—Lo hago cuando estoy sola. Parece que nunca va a dejar de llorar.

—¿Cuánto le pegas?

Hubo una larga pausa.

—A veces la sacudo muy fuerte. Me siento muy avergonzada —dijo mientras miraba hacia abajo contemplando su pañuelo retorcido—. Una o dos veces he llegado a arrojarla sobre la cuna,. nunca al piso ni nada así. Me siento muy mal. Es tan pequeña e indefensa. Oro pidiendo perdón pero me parece imposible que Dios me perdone.

Sugerí que Anita llevara a Karina a la sala de emergencia para que la controlaran. Las radiografías revelaron varias fracturas, incluyendo fractura de cráneo, de costillas y del brazo derecho. Con el consentimiento de Anita y de Roberto, dispuse que Karina estuviera bajo custodia temporaria hasta que la madre pudiera controlar sus accesos de ira.

Creo que nunca he visto nadie tan avergonzado como lo estaba Anita al darme el informe de las radiografías. El hecho de que fuera cristiana magnificaba su culpa. Ya había tenido tendencia a la cólera con su primer hijo y había recurrido a la oración y al ayuno, a la confesión pública de su pecado en la iglesia, e intentaba sinceramente rendirse al Espíritu Santo. Había asistido a varios retiros con su esposo y había consultado a varios predicadores, algunos de los cuales declaraban haber expulsado demonios de la mujer. Un psiquiatra le había dado tranquilizantes, aunque no se podía diagnosticar ninguna enfermedad emocional específica. Lentamente la mujer había podido superar el problema, hasta que nació Karina y una vez más había recurrido a ayuda, especialmente de pastores y predicadores.

Si usted tiene un problema similar al de Anita y si afecta a un niño pequeño, busque ayuda. No dé vueltas esperando que las cosas se mejoren. Usted y su hijo corren un grave riesgo. Consulte a un médico o a un consejero en el que pueda confiar y dígale: 'No puedo controlar mi impulso de golpear a mi hijito, y tengo miedo de hacerle mucho daño. Necesito ayuda.' No se detenga hasta que consiga ayuda de personas que tengan experiencia con este problema específico. La mayoría de los hospitales de niños tienen profesionales que atienden a los padres que se extralimitan en el castigo de sus hijos.

Anita (y Roberto) obtuvieron la ayuda que necesitaban en la terapia de pareja y en el consejo de un pastor consagrado a Dios. Karina fue alojada temporalmente en un hogar donde Anita podía visitarla y alimentarla casi a diario. Luego de algunos meses, cuando parecía que el problema de Anita estaba superado, Karina regresó a su hogar. Han pasado varios años y Anita no ha sufrido recaídas. La familia se siente contenta y Karina tiene buen desempeño en la escuela.

Huracanes verbales

Los padres expresan su cólera de muchas maneras y no solo con la violencia física. Es más frecuente que se levante la voz y no los puños. Los insultos, las críticas, las puertas cerradas con violencia, los platos rotos, son distintas formas de expresar la furia paterna. Es fácil juzgar a los padres violentos, pero no es tan fácil ayudarlos a superar su violencia. Cuanto más se esfuerzan por reprimir sus estallidos, más violentos resultan; cuanto mayor es su remordimiento peor se vuelve su comportamiento; cuanto más elevados y nobles son los ideales de los padres, tanto más los humillan sus fracasos. La gula, la infidelidad, el alcoholismo tienen su propio aguijón. Pero un estallido de ira que daña a alguien a quien amo o destruye un objeto que valoro tortura mucho más.

'A veces, desde que me despierto me prometo a mí mismo que no dejaré escapar de mis labios una sola palabra áspera.

Me repito que no tengo porqué decir las cosas que digo y que no voy a pronunciar ninguna palabra que no quiera pronunciar. Pero a media mañana me desbordo en un increíble torrente de palabras abusivas. Y esto sucede una y otra vez.'

No todos los padres se afligen por estos hechos. Algunos destruyen a sus hijos con palabras hirientes o golpes y no sienten ningún remordimiento. Pero otros son terriblemente sensibles al sufrimiento que están causando. Preferirían herirse a sí mismos y no a sus hijos.

'No puedo soportar la manera en que me mira, asustada y dolida. Esa mirada me lastima más que las palabras severas de mi esposo. Pero lo vuelvo a hacer. Y destruyo algo más de su persona,' me escribía una madre. 'Amo a mi hija y realmente quiero que crezca sintiéndose amada y segura, pero aquí me veo otra vez provocándole un miedo infernal.'

Un padre me escribió: 'Quiero que Raúl me ame. Necesito mucho más su afecto desde que falleció mi esposa, y sin embargo yo mismo destruyo la relación por la forma en que lo trato. Hay momentos en que llego a desesperarme.'

Hay muchos maestros de escuela dominical y pastores que llegan el domingo a la iglesia derrotados por su conciencia, por el recuerdo de las palabras perversas dirigidas ese día a su familia. Una vez que se han pronunciado, las palabras no pueden borrarse. La ira puede pasar; pero su lugar queda ocupado por la vergüenza, la culpa, la depresión y una sensación de impotencia.

'Yo estaba enojado con mi esposa, no con mi hija mayor,' me dijo un pastor hace unas semanas. 'Los domingos por la mañana siempre se producen peleas, y Emilia no deja de regañar a los niños. Yo estaba tratando de concentrarme en la última parte de la preparación del sermón cuando oí que María le contestaba mal a su madre. Salí del escritorio y le dije a mi hija cosas que nunca podré olvidar. ¿Cómo voy a predicar sobre el autocontrol si hago cosas como esas? ¿Le parece que debo abandonar el pastorado?'

Una psicóloga que conozco me comentaba sobre su propia conducta como madre. 'David era un bebé con cólicos y además no podía tolerar la demora en las comidas. Los alaridos del bebé hacían que mi esposo y yo nos culpáramos mutuamente de no saber manejar a nuestro hijo. Teníamos feroces batallas verbales. Aun hoy, cada vez que David comienza a ponerse caprichoso tendemos a reaccionar acusándonos entre nosotros de haber hecho algo que produjo ese comportamiento en el niño. Podemos estar de muy buen ánimo, pero basta un ataque de cólera de David para que en cuestión de segundos nos encontremos gritándonos uno al otro.'

> La disciplina bien aplicada afianza una relación, pero palabras perversas e hirientes pueden destruirla.

Lo que más duele es ver que nuestra ira hiere innecesariamente a alguien, y destruye una relación valiosa. Es cierto que los padres deben estar dispuestos a que sus hijos no los entiendan siempre. Para poder ejercer disciplina los padres no deben permitir que las lágrimas de sus hijos los dominen. Los padres pueden sentirse firmes si tienen la conciencia limpia y la seguridad de actuar por el bien de sus hijos. La disciplina bien aplicada habitualmente afianza una relación. Pero palabras perversas e hirientes pueden destruirla, y cuando eso ocurre es difícil saber si sufren más los hijos o los propios padres.

La ira indebida es como una mala hierba que una vez sembrada en el suelo de la familia aparece en los sitios menos esperados. Es una hierba difícil de controlar y se extiende a todos los miembros de la familia porque los hábitos del enojo se aprenden por imitación. Si hay algo que provoca reacciones de furia en los padres son precisamente las manifestaciones de furia de sus hijos, generando situaciones que serían cómicas si en realidad no fueran trágicas.

Antonio aprendió a tener estallidos de cólera imitando a sus padres y hermanos: rompe sus cuadernos en un arranque de furia ante la 'estupidez' de la tarea escolar. Esta conducta enoja a su hermano que lo reprende a viva voz hasta que los dos están a punto de irse a los puños. Bárbara, la hermana mayor, se acerca con eficiente hostilidad para poner en orden la situación y decirles a ambos que 'cierren de una vez esa bocaza'. Pero Bárbara descubre que lo que hace no logra sino agregar combustible a las llamas que arden aun más vivamente. La madre se siente horrorizada. Ya le ha dicho muchas veces a Bárbara que no intervenga en la peleas de sus hermanos porque 'eso' no hace sino empeorar las cosas. De modo que corre escaleras abajo para darle un sermón a su hija. Pero no hace sino comenzar a hablar que su esposo, convencido de que se muestra demasiado severa con la hija, agrega sus gritos a la batahola.

En el ardor de la pelea se dicen cosas que luego se lamentan cuando ya es demasiado tarde. La conflagración verbal está fuera de control. Uno de los chicos sale corriendo aterrado, el otro se queda boquiabierto contemplando a sus padres airados y descontrolados, mientras la hija da un portazo para seguir la pelea desde su habitación.

Es la tercera pelea en tres días. La familia parece estar siempre a punto de estallar. Una gota de impaciencia sobre cualquier incidente provoca un estallido en cadena en toda la familia y amenaza destruir los lazos que los unen. Como me lo dijo un adolescente, un poco en broma, un poco con amargura: 'Basta que mi hermanito patee el perro y en dos minutos estamos todos agarrándonos del cuello.' Sorprendentemente, los miembros de una familia problemática viven aterrados de perder el apoyo del otro. Saben que se necesitan mutuamente. Buena parte de las peleas parecen nacer en este mismo temor y eso hace que constantemente surjan las llamaradas de ira entre ellos.

No parece hacer mucha diferencia lo 'espiritual' o idealista que pueda ser una familia. La intención de mostrar amor y gentileza no es suficiente. Parece que cuanto más anhela unidad una familia insegura, tanto más inestable se vuelve. Los padres son la clave en este juego y generalmente lo saben. Pero, en lugar de ser una ayuda, el hecho de saberlo, solo los desalienta por el recuerdo de años de derrota.

No toda la cólera paterna aparece siempre. Una parte se acumula tras las ojeras de un hombre o una mujer que no duermen, y pasan las horas contemplando el cielorraso en un dormitorio a oscuras, dando vueltas y buscando vanamente la paz.

Un padre preocupado por los hurtos de su hijo adolescente me permitió leer en su diario:

Una de la madrugada. ¿Y mi billetera? Hubiera jurado que había sacado el dinero y lo había guardado bajo llave. ¿O no lo hice? Quizás lo puse en el bolsillo del saco... no, no fue ahí. ¿Dónde puede estar? No es por el dinero... ¿Por qué tengo que dar vueltas y vueltas con esto?

Debería haber sido más cuidadoso. ¿Por qué tengo que estar permanentemente vigilando las llaves? Tarde o temprano cometo una equivocación, y seguro que él lo advierte y entonces el dinero desaparece.

Pero quizás estoy pensando mal de él. Tal vez me estoy engañando a mí mismo. ¿Por qué estoy temblando? ¿Por qué me mareo y me dan ganas de sentarme? Me tiemblan las manos. Dios mío, ¿cuándo va a terminar todo esto? ¿Continuará para siempre? Estoy furioso y confundido. Desearía no tener que seguir viviendo así. ¿Es posible que un hogar tenga que ser una caja de seguridad donde todos tienen que estar controlando cada uno de sus movimientos?

¿Por qué Dios no hace que se acabe esta tensión? Yo sé que él se preocupa por mi hijo. Sé que debiera agradecerle por su fidelidad hacia mí.

Mis manos han dejado de temblar. Estoy triste, pero me siento en paz. Dios todavía está allí. Seguiré adelante. Mientras tanto, tengo que enfrentar el conflicto y ofrecerle ayuda espiritual a mi hijo.

Una de la tarde (al día siguiente).

Encontré el dinero. Mi hijo no lo había levantado.

Le pregunté, por supuesto, y hubo algo en su

respuesta que me convenció. De modo que mi intranquilidad fue por nada. Quizás todo tenga que ver con la necesidad de aprender la paz de Dios.

Quizás sería preferible que la ira solo dañara a la persona airada, pero sería mejor aún que la ira pudiera ser disipada. El enojo reprimido puede producir daño físico. Puede provocar eczemas. Algunas formas de artritis y muchas otras enfermedades pueden tener su origen en el enojo reprimido. Curiosamente, son aquellos padres menos conscientes de su ira quienes más sufren el deterioro físico que produce.

Algunos padres airados sonríen constantemente. Pueden inclusive mostrarse vivaces, contentos, enlazando su conversación con frecuentes exclamaciones de alabanza a Dios. Me emocionan sus valientes esfuerzos por mantener reprimidos el dolor y la ira, pero advierto en algunas de esas personas que la alegría parece frágil, las sonrisas parecen postizas y las expresiones de gozo resultan mecánicas. Algunas personas niegan que estén enojadas. Sin embargo se quejan de que cuando las cosas empezaron a andar mal en la familia se les agudizaron las úlceras, las jaquecas, los eczemas o alguna otra forma de reacción.

Un oficial militar descubrió que su hijo de diecinueve años era un homosexual activo. En tres semanas desarrolló una reacción alérgica inflamatoria y urticante que lo afectó durante meses. Su esposa se quejaba de dolores abdominales. Seis meses después de aquel descubrimiento, la hospitalizaron con una úlcera gástrica hemorrágica. Tanto el oficial como su esposa eran personas serenas que no expresaban abiertamente sus emociones y ejercían mucho autocontrol. Ninguno de los dos admitía sentir ira. 'Fue un impacto terrible,' afirmó el oficial. 'Lo que empeoraba la situación era que no podíamos hablar con él. Se había ido de la casa un par de semanas antes de que nos enteráramos. Pero hemos entregado todo el asunto a Dios. No puedo decir que haya sentido furia. Me sentí dolido, pero no estaba enojado.'

El relato de su esposa era similar. 'Sí, fue un golpe. Siempre había sido muy amiga de Ronaldo pero de pronto se levantó una pared entre nosotros y todo lo que yo decía parecía molestarle. Lo peor es no saber dónde está. Pero aun respecto a eso he aprendido a alabar y agradecer al Señor.'

Por consejo del médico del esposo, ambos asistieron a terapia con un eficiente psicólogo. Al principio se negaban a admitir su ira. No habían sentido enojo y por lo tanto daban por sentado de que no había tal sentimiento. Poco a poco el psicólogo los puso en contacto con algunas de sus emociones, que nunca antes se habían permitido sentir. Solo después de eso se aplacó la reacción alérgica del oficial, que había sido resistente a toda forma de intervención médica.

Estallidos de ira

La ira responde a demasiadas causas como para poder tratarlas en un solo capítulo. Los ejemplos que doy a continuación son solo una selección de una lista mucho más amplia.

La ira desplazada se dirige hacia una persona o situación, cuando en realidad la causa no está en ella. Una mujer enojada con su jefe quizás no diga nada mientras está en la oficina pero descargará su enojo luego contra su esposo o sus hijos. Un hombre airado con su suegra quizás patee la puerta o el perro. En cualquier organización la persona que está más abajo en 'la escala' es la que absorbe el mayor monto de castigo simplemente por el hecho de que la ira desplazada generalmente se mueve hacia abajo. De allí que el enojo demostrado a los niños a veces no tiene nada que ver con ellos mismos.

La *ira reprimida* va montándose entre personas que no saben expresar claramente sus deseos y sus sentimientos. Desarrollan el hábito de dejar que la frustración vaya creciendo hasta el punto en que ya no pueden controlarla. En ese momento un incidente trivial puede producir un estallido. De la misma manera, los padres que temen ser firmes con sus hijos, aun cuando no estén de acuerdo con la conducta que muestran, terminan alternando entre dejar hacer y estallar en cólera.

La *ira producida por desequilibrio mental se caracteriza por estallidos* de furia. Preocupaciones por las finanzas, por el empleo, por enfermedades, por conflictos familiares y por un sinnúmero de problemas menores, todas pueden sumarse para producir un incremento en los estallidos de ira. También puede estar provocada por la falta de descanso, por temores específicos, o por una sensación de inseguridad.

Quizás usted esté abrumado por una forma de ira que no pueda resolverse fácilmente con un cambio de ritmo o un descanso. Quizás no logre entender la razón de su enojo, o quizás sepa la causa pero se encuentra impotente para manejarla o encontrar una solución. En ese caso sería prudente buscar ayuda en un buen consejero, un psicólogo u otro profesional. La ira es como un fuego en sus entrañas que no solo daña a otros sino que daña a la propia persona airada. Busque ayuda, por su bien y por el de su familia.

Expectativas frustradas

Entre las muchas causas de los estallidos de cólera entre los padres hay dos actitudes muy relacionadas entre sí. Ambas tienen que ver con expectativas utópicas: por un lado las expectativas hacia sus hijos, y por otro hacia su propia habilidad de controlar la conducta de sus hijos.

Las expectativas frustradas siempre nos enojan. Si yo espero que el tráfico fluya con rapidez hacia el aeropuerto y no lo hace, eso me pone mal. Si a pesar de los embotellamientos llego en horario al aeropuerto y sin embargo descubro que el avión ya ha partido, me pongo violento. De la misma forma, si espero que mis hijos se comporten de determinada manera y no lo hacen, también me siento inclinado a reaccionar con ira.

Lo trágico es que muchos padres tienen expectativas y anhelos respecto a sus hijos que no coinciden con la realidad, tanto respecto a sus estudios como a la vida cotidiana. Si usted pretende que Verónica deje de hurgarse la nariz la primera vez que se lo dice, y resulta que Verónica sigue haciéndolo, la escena está preparada para un estallido. En tales circunstancias un padre tenso tiene dos soluciones posibles: (1) controlar su ira cada vez que Verónica se hurgue la nariz; (2) no pretender que Verónica supere su hábito en forma inmediata.

La mejor solución es la segunda. Si uno no tiene que atenerse a expectativas poco realistas, tiene menos ira para controlar. Si usted puede aceptar el hecho de que por más desagradable que sea la costumbre de Verónica, le llevará un tiempo superarla, y es muy posible que se hurgue la nariz aun cuando usted está con visitas, entonces no se sentirá tan tenso.

Aceptar esta solución no es fácil. Implica soportar los momentos en que Verónica demuestre su habilidad digital, no importa cuántas veces ella reincida. Una vez que acepte esto, empezará a notar progreso. Recuérdese a sí mismo que Verónica es más importante para usted que esas visitas y que ella puede olvidarse a veces lo que se le ha pedido. Es una práctica que implica ponerse en los zapatos de Verónica. Hábitos son hábitos. Quizás usted tenga uno o dos hábitos que le cuesta controlar... tal vez el de montar en cólera. Y en este momento no estamos hablando acerca de cómo lograr que la niña supere el hábito de hurgarse la nariz sino de cómo lograr que usted no se encolerice cuando lo haga.

Las expectativas frustradas, entonces, pueden ser un motivo para estallar en ira. Pero las expectativas se instalan tan calladamente sobre nuestros hombros, alrededor de nuestros cintos y se esconden tan discretamente en nuestros bolsillos que no somos conscientes de su presencia. A menos que nos inspeccionemos con una lista de control en la mano, y podamos sacar a la luz las expectativas ocultas, seremos sus víctimas impotentes.

¿Ha estado esperando que el hogar sea siempre un puerto de refugio y de paz? Muchos de nosotros esperamos eso. Es una expectativa comprensible pero difícilmente sea realista. En cualquier caso, es responsabilidad de los padres que el hogar sea un refugio de paz no solo para su propio beneficio sino el de toda su familia. Son los pájaros adultos los que tejen el nido con plumón para sus pichones.

Pero lo cierto es que el hogar no será siempre un puerto tranquilo. Si los padres y las madres, cansados de los conflictos de la calle, esperan encontrar la paz en el hogar, seguramente verán sus expectativas frustradas de tanto en tanto.

¿Ha estado esperando más de lo que su hijo es capaz de hacer, o que muestre comportamientos que están por encima de su nivel de desarrollo? Los niños maduran a diferentes ritmos. El control de esfínteres, las destrezas motrices, la autodisciplina y aún la pubertad no pueden predecirse con precisión. No todos los niños caminan a los doce meses o hablan al año y medio. Las flores no se abren simultáneamente en la primavera. ¿Qué espero de mi hijo? ¿Es una expectativa realista? Si no lo es, tanto mi hijo como yo sufriremos ansiedad innecesariamente, a causa de mi irritación por ver incumplidas las expectativas que creía legítimas.

Las expectativas frustradas siempre nos enojan.

¿Está esperando de mi hijo un comportamiento radicalmente diferente al de otros chicos de su edad? ¿Los modales en la mesa? ¿El orden de su habitación? ¿El largo del cabello y la frecuencia de los baños? ¿Que no se olvide las cosas fácilmente? ¿Que sea honesto? ¿Menos peleas y rivalidades entre hermanos? ¿Que sea más inmune a la tentación?

Por supuesto que usamos la palabra 'esperar' en distintos sentidos. Cuando le decimos a un niño: '¡Espero que te sientes derecho a la mesa!' estamos realmente diciendo que queremos que el chico lo haga y que no pretendemos que haga menos que eso. Pero no es de esa clase de expectativas que estamos hablando aquí. Estamos tratando con supuestos inconscientes o semiconscientes, con lo que pensamos o imaginamos que debía suceder y de hecho sucedería.

Es natural que pretendamos que nuestros hijos cumplan con ciertas normas. Con todo derecho apuntamos a determinadas pautas que inclusive pueden ser más elevadas que las que observamos en los pares de nuestros hijos (una vez más, no estamos tratando con el hecho de pasar por alto las normas sino cómo manejar nuestros sentimientos al respecto). Es un error subestimar al enemigo, y si el enemigo es la cultura contemporánea, es doblemente absurdo que lo subestimemos. Veremos cómo se quiebran nuestras expectativas, y nos sentiremos furiosos por haber estado viviendo en un mundo de fantasía.

Pensémoslo desde el punto de vista del niño. Él puede saber lo que usted espera de él. Quizás a veces él mismo lo desee. Pero saber y hacer no son la misma cosa. Nuestros hijos están poderosamente influidos por la cultura, desarrollan hábitos y, lo mismo que nosotros, tienen que vérselas con fuertes tentaciones. No todas las malas conductas constituyen desobediencia deliberada, rebelión o terquedad. Y aun cuando lo fueran, pueden ser el resultado final de una dura lucha interior. Si no queremos que sus conductas indeseables nos derrumben, debemos observarlos atentamente con frecuencia, tratar de entender con qué están debatiéndose, entonces sabremos qué podemos esperar con realismo de ellos.

Algunas de nuestras expectativas pueden surgir del egoísmo. Aunque nos repetimos que solo deseamos el bien de nuestros hijos, nuestras expectativas pueden en realidad tener mucho que ver con nuestro orgullo y bienestar personal. Si es así, nuestra ira será deformada por la amargura y el resentimiento. Es bueno que tomemos en cuenta no solo nuestras expectativas respecto a nuestros hijos sino porqué tenemos tales expectativas.

Dictadores y diplomáticos

Estrechamente relacionado con nuestras expectativas está el tema del control. En teoría, los padres van aflojando el control a medida que los hijos crecen. En la práctica puede resultar difícil delegar el control, a causa de nuestros propios temores y complejos. Por el momento permítame dirigir la atención a la relación que hay entre el control y los estallidos de cólera.

Ahora ya no me molesta tanto, pero cuando era más joven, tenía problemas con mis devociones diarias. Cada vez que abría los ojos advertía algo en la habitación que requería un cambio: un cuadro torcido, un trozo de papel en el piso, la manta de la cama mal estirada. Cualquiera fuera el problema no podía resistir la compulsión a corregir la situación. No podía seguir orando o estudiando hasta que lo hubiera hecho. De nada valían mis esfuerzos por superar la compulsión. Tenía que tener todo en perfecto orden antes de poder continuar. No podía relajarme hasta que había controlado todo el ambiente y me sentía cómodo en él.

Ahora bien, pensemos en el ambiente no solo en términos de cuadros ladeados, pisos con papeles o camas desarregladas, sino en términos de excesivo ruido o demasiado movimiento. Muchos de nosotros tenemos la compulsión a crear un ambiente emocional determinado. Los cuadros se pueden enderezar, las camas se pueden estirar y los papeles se pueden levantar, pero es menos fácil acomodar a los niños, que son criaturas vivientes.

Estamos otra vez considerando el asunto de hábitos irritantes, como el de Verónica y su nariz o el de Tomás con sus codos sobre la mesa. Si nuestro deseo de cortar el hábito de Verónica o de lograr que Tomás no tenga los codos sobre la mesa surge de nuestra necesidad neurótica de mantener el lugar ordenado, produce en nosotros un intento de controlar que es poco realista. Estamos esperando que Verónica y Tomás reaccionen tan pasivamente como pueden hacerlo los objetos inanimados de mi habitación. Quizás ni siquiera pensamos en el propio niño sino en lo ofensivo que resulta su comportamiento. Supongo que si el cuadro en mi dormitorio hubiera vuelto a ponerse torcido cada vez que volvía a arrodillarme, yo hubiera estallado en ira. Y esto es exactamente lo que hacemos con Verónica y con Tomás.

A veces nuestra necesidad de controlar a los niños surge de un esquema mental, de una actitud interior que determina nuestras reacciones. Uno de estos condicionantes es la creencia de que es obligación de los padres 'producir un carácter y hábitos deseables en un niño y que cualquier falla indica el mal manejo paterno'. Ese presupuesto produce tensión. Cada vez que un niño hace algo que no debiera, algo profundo dentro del padre exclama: '¡Estoy perdiendo el control! ¡He vuelto a fallar!'

> Debemos disciplinar, a veces castigar, pero no es nuestro propósito controlar todo lo que ocurre.

El padre quizás es consciente solo de una irrupción de temor o de ira, o de una expresión verbal o física fuerte, seguida luego por un estado depresivo. Si tuviera otro esquema mental, las cosas serían distintas. Pero no es fácil cambiar nuestro modo de pensar. Este particular esquema de pensamiento representa la creencia falsa y utópica de que es tarea de los padres moldear el carácter de los hijos. No toma en cuenta la libertad del hijo ni la falibilidad del padre.

Generalmente esta manera de pensar es el resultado de nuestra propia crianza y experiencia. Fue tomando lugar y dominando nuestros pensamientos y voluntades. Incluye una sensación de omnipotencia: '¡Yo puedo y debo controlar a este chico!' Pero también implica temor: 'Si fracaso será una tragedia. A cualquier costo debo mantener el control.'

Quizás los padres no hagan estas reflexiones, pero viven las emociones que las acompañan. La culpa y el remordimiento se agregan entonces al problema. La determinación de una madre puede hacer que se exija tanto a sí misma que sus reflejos están siempre a un corto paso de reaccionar.

El esquema mental que conduce a esta situación podría ser resumido de la siguiente forma: Dios me ha dado hijos que ahora me pertenecen. Los amo y voy a orar y trabajar para criarlos bien. Trataré de formarlos para que traigan honor a Dios y a la familia, y que ellos mismos sean felices. Si, confiando en Dios, hago mi parte como padre o madre, todo saldrá bien. Si fallo yo seré el único culpable.

Creo que esa manera de pensar es equivocada. Esta otra es mejor: Mis hijos me han sido confiados temporalmente por

Dios. Son 'míos' solo en el sentido en que Dios quiere que yo los ame, los eduque, los capacite. No me han sido dados para que me jacte de sus buenas cualidades más de lo que debo avergonzarme de sus fracasos. Estoy supervisando temporalmente el desarrollo de seres humanos que, en rigor, le pertenecen a Dios, y cuyo destino en última instancia solo puede ser decidido entre el niño y Dios.

El padre que piensa de acuerdo al primer esquema se carga con una mayor responsabilidad que el segundo. Parte de esa responsabilidad es innecesaria y produce tensión. Nuestro objetivo no es controlar sino ofrecer ayuda como padres. Es cierto que debemos enseñar la obediencia, pero no podemos controlar hasta qué punto nuestros hijos aprenden la obediencia. Solo podemos ofrecer las mejores condiciones para que aprendan. Lo demás corre por cuenta de ellos bajo la soberanía de Dios. Debemos disciplinar. A veces debemos castigar. Pero no es nuestro propósito controlar todo lo que ocurre.

Cuanto más energía use usted para ejercer control, sea que ese control se ejerza sobre sus hijos o sobre su propia impaciencia, tanto menos energía le queda para vivir y enfrentar las situaciones conflictivas. Si usted estuviera lleno de paz, no tendría que controlar la ira y tendría más energía para vivir. Aplacar una pelea puede ser bueno, pero no es suficiente. Es como poner una pequeña venda sobre un conflicto familiar. Quizás haya menos bochinche, más orden y menos riesgo de accidentes, pero si todavía circulan bajo la superficie el resentimiento y la amargura, es poco lo que se ha ganado. Se ha ganado control a fuerza de embotellar la presión tanto de los hijos como la suya propia, y esto solo logra un control costoso e inestable. Si el control depende de sus habilidades como diplomático o de su autoridad como dictador, tendrá que estar constantemente alerta para mantener el control. Tendrá que estar atento a cualquier pequeña llama que anuncie un incendio forestal. Si actúa como dictador tendrá que sofocar el incendio por la fuerza, y si es diplomático correrá a apagarlo con agua.

Aceite sobre aguas turbulentas

El refrán habla de 'echar aceite sobre aguas turbulentas'. La metáfora proviene de la curiosa manera en que el aceite calma las olas al modificar la tensión superficial del agua y reducir los efectos del viento. Las operaciones de rescate de los barcos que han naufragado a menudo se hacen más fáciles y seguras si se derrama aceite sobre el mar que los rodea.

Ser una fuente de paz es ser como el aceite sobre las olas. No significa desarrollar una técnica para sedar a la familia. Hacerlo así es seguir haciendo el rol de diplomático, que es lo que estoy sugiriendo que debemos superar. Ser como el aceite requiere algo más que decir palabras buenas o adoptar posturas facilitadoras. Significa gozar uno mismo de paz, una paz que debe surgir de su propia experiencia.

Seguramente conoce personas que parecen contagiar la paz a su alrededor. La tensión se disuelve cuando entran en una habitación. De pronto las preocupaciones que nos hacían temblar o mordernos las uñas resultan triviales. El sol parece salir cuando esa gente empieza a hablar.

La pregunta que debemos hacernos no es: '¿Cómo lo hacen?'. No es lo que 'hacen' lo que interesa sino lo que 'son'. Ellos están en paz. Y porque están en paz pueden ser fuentes de paz para otros. Percibimos su paz interior y nos sentimos agradecidos y restaurados. Ser una fuente de paz significa estar en paz con uno mismo de manera de no ser conmovido por las tormentas. Entonces usted irradiará paz hacia las personas que lo rodean.

Si usted tomara tranquilizantes media hora antes de un estallido familiar, podría irradiar tranquilidad. Tendría menos ansiedad, y se mostraría sereno y amable. Sus preocupaciones le parecerían triviales. El conflicto familiar lo amedrentaría menos y usted podría enfrentar la situación con calma mientras durara el efecto de la píldora. Al percibir su estado, la tensión empezaría a ceder en el resto de la familia, pero al costo de exponerse a un hábito malo y dañino.

Yo no recomiendo tranquilizantes para los conflictos familiares. Lo que se necesita es una paz genuina, de ese tipo que hace que los perros le hagan fiestas o que los bebés extiendan sus brazos confiados hacia usted. Tampoco recomiendo una paz que surja de un 'bah—no—importa', evadiendo asuntos vitales o desatendiendo los problemas familiares. No debe encubrir irresponsabilidad ni escapismo, sino surgir de una seguridad interior de que todo está bien: esa paz que revela la mirada de una persona que está en contacto con Dios.

Cuando usted está perturbado, irritado, airado, no puede contribuir a que otros sientan paz. Pero cuando su espíritu está en calma y tranquilo, al intervenir en una riña su serenidad dará seguridad a los demás, y disminuirá su resentimiento. Si usted interviene con actitud beligerante podrá tener éxito en controlar la hostilidad en la familia, pero no resolverá el resentimiento y la amargura que dieron origen a la disputa. Un espíritu tranquilo y manso es de gran valor a los ojos de Dios y es un recurso invalorable en la vida familiar.

Ser fuente de paz en la familia es aceptar el hecho de que el conflicto puede surgir, pero que eso no significa que usted ha fracasado como padre. Habrá peleas entre hermanos. Habrá conflictos a medida que los niños aprendan a respetar los objetos personales o aprendan a manejar los celos hacia los hermanos mayores, más dotados o más afortunados. Los celos y las peleas no existen. Son parte del proceso por el que los niños entran en relación con el mundo dentro de sus propias familias. Aceptar que esas conductas ocurren no significa aprobarlas, pero significa no dejarse alterar, y además admitir que sería muy sorprendente que no llegaran a producirse.

Ser fuente de paz significa tener la capacidad de reconocer rasgos y conductas molestas en otros miembros de la familia sin sentirse interiormente perturbado. Significa tener expectativas realistas respecto a los niños en diferentes etapas de su desarrollo. Si usted pretende que la pequeña Susanita, de dos años, se quede sentada todo el tiempo del culto en una silla rígida, como un muñeco de cartón, nunca se sentirá tranquilo, porque Susanita no está hecha de cartón. Los especialistas difieren respecto a qué pueden aprender los niños de distintas edades, pero pretender más de lo que son capaces de hacer, o esperar que ejecuten tareas para las que nunca se los capacitó es preparar el terreno para la propia intranquilidad. Si usted quiere tener paz interior, viva en un mundo real.

Ser una fuente de paz en la familia significa estar en paz respecto a la familia. La paz y el miedo no pueden coexistir. Participé hace poco de una entrevista familiar en la que los miembros de la familia intentaban llegar a la raíz de sus problemas. Era una familia amplia, donde convivían tres generaciones, y cuyos miembros anhelaban más unión entre ellos. Varios de ellos, hombres y mujeres, lloraron durante la entrevista lamentando las peleas que los habían ido distanciando. Poco a poco se hizo obvio que uno de los principales factores de esas riñas era el temor, paradójicamente, lo que temían era que la familia fuera distanciándose. Luchaban tanto por mantener unida a la familia que el propio temor de fracasar les hacía estar doblemente tensos. Todos eran conscientes de necesitar a la familia, de necesitarse unos a otros. Pero estaban aterrados de que la relación fuera demasiado frágil para perdurar y que en cualquier momento una explosión destruiría a la familia. Ese temor los sometía a tanta tensión que era virtualmente imposible evitar los estallidos. Descubrir sus propios temores fue una manera de empezar a allanar el camino hacia una relación menos conflictiva.

> Ser una fuente de paz en la familia significa estar en paz respecto a la familia.

Tener paz significa que uno no pretende que otros miembros de la familia sean la fuente de paz. Significa, especialmente, que no deberá contar con su cónyuge como garantía de su propia paz. Muchos cónyuges sí pueden serlo, y es hermoso que así sea. Pero si usted pretende y exige que otra persona sea fuente de paz en la familia, usted perderá su tranquilidad apenas esa persona se muestre inquieta. La ira de otra persona no debe hacerle trastabillar a usted. Usted debe estar preparado para ser fuente de paz. Ser fuente de paz significa reconocer que usted no puede erradicar los pecados y las debilidades de otros miembros de la familia. Si resulta apropiado, usted puede aconsejarlos u orientarlos, pero la reiteración o no de sus pecados y de sus fallas está más allá de su control. Su familia seguirá evidenciando faltas y debilidades. Quizás esto lo entristezca, pero no debe sorprenderle ni producirle depresión.

Un faro de luz

Hasta aquí hemos reflexionado sobre la paz en sentido interpersonal (entre los miembros de la familia) e intrapersonal (interior). Todos sabemos que cuando hay paz entre los miembros de la familia cada uno siente más paz en sí mismo. Mi tesis es que la influencia es mutua. He estado estimulando al lector a buscar su propia paz. He señalado algunas actitudes que considero incompatibles con la paz interior. Pero es crucial saber cuál es la fuente básica de la paz y cómo descubrirla.

Si bien yo he hablado acerca de dos tipos de paz, la Biblia habla acerca de tres, todas ellas relacionadas entre sí. Además de la paz entre las personas y de la paz interior, habla de otra paz que es fuente de ambas: la paz con Dios. Si uno no está en paz con Dios es imposible conocer la paz más profunda. Nadie puede ser fuente o, mejor aún, canal de paz, si no disfruta plenamente de paz con Dios.

Quizás al leer acerca de las actitudes que resultan incompatibles con la paz interior usted haya sentido que esa paz le resulta inalcanzable o difícil de encontrar. Si usted es cristiano, probablemente esté familiarizado con descripciones bíblicas de la paz interior que gradualmente le han ido pareciendo algo así como un raro estado difícilmente alcanzable, que solo los espíritus atléticos pueden vivenciar. Si en este momento usted no disfruta de la paz de Dios, no se preocupe. Echemos una mirada y veamos qué es esa paz que se ofrece y a quién se ofrece. Si descubrimos que esa paz solo se ofrece a personas psíquicamente estables o a personas sofisticadas, o a aquellas que son inmunes a los conflictos, entonces esa paz difícilmente nos sirva.

'La paz os dejo, mi paz os doy; yo no os la doy como el mundo la da. No se turbe vuestro corazón ni tenga miedo', dijo Jesús a los apóstoles cuando estaban por enfrentarse a la reacción hostil del mundo (Juan 14.27). La paz que Cristo les daba no los protegía 'de' los tumultos, las acusaciones o persecuciones, sino que los sostenía 'en' las dificultades. El Jesús que les prometía esa paz era el mismo Jesús que desde una barca que se sacudía con furia en el mar había clamado frente a la tempestad: '¡Calla, enmudece!', haciendo que se aquietara de manera sorprendente y que las aguas serenas lamieran suavemente los bordes de la barca. La palabra dirigida al corazón de los apóstoles no era menos eficiente que la palabra pronunciada ante la tormenta. Él les daba la paz, 'su' paz, con la cual pudieron atravesar resueltamente demoníacas tormentas de odio.

> Nadie puede ser fuente de paz, si no disfruta plenamente de paz con Dios.

Siendo el Príncipe de Paz, Jesús podía decirles: 'Estas cosas os he hablado para que en mí tengáis paz. En el mundo tendréis aflicción, pero confiad, yo he vencido al mundo' (Juan 16.33). En Cristo, la paz. En el mundo, la tribulación. Pero Cristo ha vencido al mundo. La paz de la que él hablaba no era una especie de tranquilizante espiritual, para sedar el sistema nervioso de los discípulos. Era la tranquilidad que confiere un hombre fuerte que domina una situación. La paz que iban a vivenciar los discípulos 'surgía de su relación con Jesús y de la relación de Jesús con el mundo'.

Imagínese en un faro bien construido y cimentado sobre roca sólida. Pueden venir enormes olas a romperse contra el faro, tormentas terribles pueden aullar a su alrededor, y sin embargo dentro del faro hay paz. Fuera del faro usted recibiría todos los embates, quedaría golpeado y empapado hasta la médula. Pero el faro hace frente a la tormenta de la misma manera en que Jesús vence al mundo. La lluvia podrá caer torrentosa sobre las paredes y ventanas, pero adentro usted está tranquilo.

Esa es la paz ofrecida por Jesús de la que nos habla Pablo: 'Y la paz de Dios, que sobrepasa todo entendimiento, guardará vuestros corazones y vuestros pensamientos en Cristo Jesús' (Filipenses 4.7). El salmista habla de 'mucha paz' (Salmo 119.165).

Esa es la calidad de paz interior que usted necesita, una paz que sobrepasa el entendimiento humano, la paz por la cual Jesús tenía poder para apaciguar una tormenta o para enviar a los discípulos, hombres rústicos, a enfrentar serenamente un mundo de odio. Esa es la paz que debe inundar el corazón de un cristiano, rodeándolo con esa clase de muralla contra la cual estallan impotentes las ideas y circunstancias perturbadoras. ¿Por qué son tan pocos los cristianos que la poseen? ¿Cómo pueden someterse a ella nuestros espíritus temerosos y airados?

Paz con Dios

Para poder experimentar esa paz *de* Dios usted necesita estar en paz *con* Dios. Tener paz con Dios implica que el estado de hostilidad entre Dios y usted llega a su fin.

Muchos cristianos están sumamente confundidos respecto a su relación con Dios. Su teología está divorciada de su experiencia. En su mente pueden reconocer verdades que su corazón no logra vivenciar. Saben que Jesús, por su muerte, ha pagado la cuenta para obtener nuestra paz con Dios y que la fe en Jesucristo les garantiza esa paz. Sin embargo, sus conciencias los acosan. Los fantasmas de pecados pasados y presentes se levantan y los arrancan del trono de la gracia dejándolos humillados, de pie, a la distancia, preguntándose angustiados cómo volver a estar bien con Dios. Al menos en teoría, saben que todos sus pecados ya han sido pagados, que Dios se ha agradado del sacrificio de su Hijo unigénito y amado, y que está satisfecho con todas las cuentas canceladas. Pero aun así sienten que algo está mal.

¿Cómo podía Anita sentirse en paz con Dios cuando las radiografías mostraron el daño que había producido a Karina?

¿Cómo pueden conocer la paz con Dios los padres que castigan brutalmente a sus hijos o que estallan en alaridos furiosos? ¿No se preocupa Dios por tales pecados?

Por supuesto que Dios se preocupa por el pecado. Lo aborrece. Si la brutalidad contra los indefensos nos resulta horrible a nosotros, lo es más aun para Dios. Contra tales males dirige su hostilidad de manera incesante. No admite excusas. Si usted es un padre airado que ha castigado brutalmente a sus hijos, tenga la seguridad de que Dios se ha preocupado enormemente por ello. Lo que usted ha hecho es malo. Dios se interesa por sus hijos y está más dolido de lo que usted mismo está por la manera en que los hace sufrir. Él lamenta lo que usted ha hecho; sin embargo lo ama tan profundamente que ha buscado un camino para solucionar su dilema.

Su ira no está dirigida contra usted. Él, que vio desde el comienzo a dónde lo llevaría su temperamento irascible, dirigió su justa ira hacia su propio Hijo. Probablemente nunca sabremos lo que Jesús sufrió, pero su agonía incluyó la retribución de Dios por la crueldad que usted ha estado mostrando a sus hijos.

No hay ninguna manera de expiar por usted mismo su brutalidad. Tratar de hacerlo es menospreciar lo que Cristo voluntariamente sufrió en su lugar. Apaciguada ya la ira del Padre, él le ruega que se acerque a él y reconozca que él entiende su angustia y su fracaso, pero que su pecado ya está fuera de su vista.

La mayoría de los padres tratan de enmendar los males que han causado a sus hijos compensando con una dosis extra de cariño o ternura. Hacer arreglos de esta clase es malo tanto para los niños como para los padres. Es malo para los niños porque quedan instalados en un sube y baja que depende del humor de sus padres. Es malo para los padres porque es una compensación inadecuada para sus conciencias. Tratar de expiar por mí mismo mis maldades es tratar de estar bien con la conciencia haciendo lo que el autor de la Carta a los Hebreos llama 'obras muertas' (Hebreos 9.14). Es ofrecer a Dios mi propia acción poniéndola al lado del sacrificio de su Hijo. Es declarar que el sacrificio de Cristo es insuficiente.

No estoy diciendo que los padres deban pasar por alto las malas acciones que cometen hacia sus hijos. Al hijo seguramente le hará bien una disculpa honesta, un reconocimiento franco del mal hecho en forma clara y amable al niño (pero no un ruego solapado de 'por favor continúa amándome'). Sin embargo reconocer el mal no es expiarlo. No hace menos grave el crimen cometido, cuya mancha solo puede limpiarse con sangre. El pecado debe ser llevado a la presencia de Dios.

Hay maneras correctas e incorrectas de recordar los pecados, de la misma manera que hay maneras correctas e incorrectas de pensar en ellos. Usted puede hundirse en el reproche personal, cargando sobre sí todo el abuso y encogiéndose ante el horror de su carácter y de su pecado. Esa es una manera incorrecta de meditar en el pecado. Solo podrá conducirlo a la desesperación o a reiterados intentos por mejorar, intentos que están condenados al fracaso, a menos que trate con la raíz misma del mal.

O bien puede contemplar su maldad desapasionadamente, preguntándose: '¿Por qué soy así? Si pudiera encontrar la causa que me hace ser así, quizás podría corregirme.' A primera vista ésta podría parecer una manera más sana de meditar en el pecado, ofreciendo una esperanza de curación. Pero en la práctica rara vez lo logra. Por cierto que habrá excepciones. No debemos dejar de lado el valor de comprenderse uno mismo. Sin embargo aún cuando se logra tal comprensión, rara vez es de ayuda.

Supongamos que usted descubre que se pone furioso con sus hijos porque su padre lo hacía con usted cuando usted era niño. ¿De qué le va ayudar eso? En la práctica, muy poco. Saberlo puede ser un consuelo. Pero es poco probable que ejerza un efecto radical sobre su comportamiento. O supongamos que usted descubre que se enoja porque carece del amor y la paciencia necesarios para atender a sus hijos, porque usted mismo está profundamente necesitado de afecto. Pero, ¿dónde va a obtenerlo? ¿Cómo logrará satisfacer su propia necesidad de ser amado? La autocomprensión es cuanto mucho una ayuda parcial. No le recomiendo meditar en sus pecados con ese fin.

La reflexión es buena si nos lleva a la adoración. Si al contemplar su pecado usted es capaz de percibir la maravilla del amor y el perdón de Dios y maravillarse ante la sabiduría de Dios que nos perdona, y si el plan divino, su increíble amor y paciencia o la profundidad de su misericordia despiertan en usted asombro y gratitud, entonces hace bien en meditar en su pecado. Contémplelo en todo su horror y sepa que el Salvador ya lo conocía cuando fue a la cruz. Tome en cuenta la cantidad de veces que usted ha caído en el mismo pecado y tomará conciencia de la paciencia y la gracia de Dios (pero no haga alarde de ello).

No hay una base más firme para la paz interior que la seguridad de estar en paz con Dios.

La paz 'de' Dios es, entre otras cosas, una experiencia subjetiva. La paz 'con' Dios es una realidad objetiva que provee la base para la experiencia subjetiva. Para captar la naturaleza de la paz con Dios es necesario volver a las Escrituras y permitir que el Espíritu Santo inunde su mente con la percepción de lo que Cristo hizo para establecer esa paz con usted.

Esa paz significa que hay reconciliación entre Dios y usted, que tan torpemente se conduce con sus hijos (Romanos 5.10). Significa que por amor a Cristo Dios lo acepta a usted tal como es. Significa que está complacido con usted, que se deleita en usted porque Cristo ha comprado su redención. Significa que usted no debe sentir vergüenza ante él y que puede aproximarse a él sin temor (Hebreos 10.21–22). Significa que, por la sangre de Cristo, él ha perdonado libremente los fracasos como padre, los enojos y las crueldades que usted está dispuesto a reconocer (Efesios 4.32; 1 Juan 2.12).

Conocer esa paz es saber que usted es amado y aceptado. Y al saber que uno es amado y aceptado se disuelven las frustraciones y enojos internos. Nunca me he sentido tan liberado de la ira como cuando he tomado conciencia de cuánto me aman y con cuánta generosidad me perdonan.

No hay una base más firme ni más amplia para la paz interior que la seguridad de estar en paz con Dios. Otros caminos que ofrecen paz pueden dar una tranquilidad parcial o temporaria, pero solo la paz de Dios sobrepasa el entendimiento humano y nos libera del tormento interior. La paz existe. Existe para usted y se le ofrece a usted. Tómese el tiempo necesario para comprender y encontrar esa paz.

El matrimonio en peligro

06

Pablo y Josefina discutían acaloradamente respecto a su hija Nancy, de diecisiete años. Josefina tenía sus sospechas. 'Anda en algo. Creo que deberíamos hablar con ella. Anoche llegó después de las doce.'

Pablo se resistía a hablar con Nancy. Sentía que las sospechas de su esposa eran exageradas y que solo lograrían abrir más la brecha que había comenzado a distanciar a la hija de sus padres. La política de Pablo (si es que puede llamarse política) era dar por sentado que el antagonismo no era grave y que se curaría solo, dándole tiempo. Por su parte, Josefina pensaba que la brecha abierta exigía acción y que Pablo solo estaba huyendo del problema. Así que lo que hacían era pelear entre ellos, y peleaban tan airadamente que treinta minutos más tarde Pablo pagaba multa por exceso de velocidad en una autopista cerca de su casa.

Los problemas con los hijos tienen tanta posibilidad de fortalecer a un matrimonio como de destruirlo. Pueden darle una unidad más profunda o abrir un abismo.

La importancia de la armonía conyugal es enorme. Los niños la necesitan, y la necesitan aun más cuando tienen problemas. Su bienestar depende de ello. La salud del niño depende más de la armonía de sus padres que de cualquier habilidad que éstos tengan en la crianza de niños. Los padres pueden salvar muchos errores si los niños ven en ellos una alianza sólida y afectuosa.

Una alianza de esa naturaleza establece un ambiente en el que los niños pueden responder con respeto y obediencia.

A veces la delincuencia puede explicarse por una mala relación entre los padres. La pregunta entonces es: ¿cómo se puede lograr y mantener una relación sana entre los cónyuges?

Se pretenden derechos y se rechazan responsabilidades

Tal como vimos cuando hablamos de cómo lograr la paz en la familia, también para lograr la armonía matrimonial es preciso tener expectativas correctas respecto a la pareja. Benito se siente defraudado y engañado porque su esposa Mary no quiere cantar a dúo con él en la iglesia. A Mary le da pánico presentarse en público. Nunca ha tenido interés en la música. Benito, por su parte, tiene una voz de tenor aceptable y siempre ha soñado cantar a dúo con la mujer que eligiera como compañera. Tales expectativas infundadas solo produjeron gritos por parte de Benito, lágrimas de Mary e insomnio de sus tres pequeños hijos.

Quizás usted haya forjado las expectativas respecto a su cónyuge a partir de lo que observó en sus padres (o en base a lo que ha leído sobre la crianza de los hijos), y ha dado por sentado que su pareja debía compartir esos ideales. Si es así, la armonía entre ustedes se asienta en un terreno muy movedizo.

Los matrimonios a menudo sufren porque tienen expectativas incompatibles en relación con el sexo, el dinero, lo religioso, a crianza de los niños y la relación con los amigos y parientes de cada uno. Estos son escollos en muchos matrimonios, y cada pareja debiera tener esos escollos marcados en su cartilla de navegación para poder sortearlos con seguridad. Sin embargo, esto solo puede lograrse si ambos pueden hablar abierta y serenamente de sus emociones. Feliz la pareja que haya logrado establecer esa relación antes de que los hijos, con su rebeldía, provoquen un antagonismo irreducible entre los capitanes de la nave familiar.

Uno supondría que los cristianos tienen una ventaja sobre otras personas por el hecho de que su matrimonio está guiado por las Sagradas Escrituras: puesto que los cónyuges comparten ciertos ideales sobre el matrimonio, lógicamente no hay necesidad alguna de discutir. Pero las estadísticas no reflejan ninguna superioridad en ese sentido por parte de los matrimonios cristianos. Pueden romperse contra las mismas rocas que cualquier otro matrimonio. Si bien son menos frecuentes los divorcios cristianos, puede deberse solamente al tabú cristiano que existe sobre el divorcio. Una pareja cristiana puede coincidir respecto a las normas por las que se rigen, pero a menos que consideren ese código más como una orientación de sus responsabilidades que de sus derechos, no encontrarán paz en su vida matrimonial.

La Biblia delinea los fundamentos de la relación entre hombre y mujer en dos conocidas frases: 'Las casadas estén sujetas a sus propios maridos, como al Señor … Maridos, amad a vuestras mujeres, así como Cristo amó a la iglesia, y se entregó a sí mismo por ella' (Efesios 5.22, 25). Estas ideas resultan poco populares en una época de igualdad entre los sexos. Pero si se entienden correctamente, los principios bíblicos definen las condiciones óptimas para la felicidad conyugal, porque prescriben las actitudes complementarias que deben mostrar ambas partes. No sugieren la superioridad del hombre ni la inferioridad de la mujer (idea por otro lado totalmente descartada en Gálatas 3.28); más bien indican roles complementarios y armónicos. No solo debe someterse la mujer al hombre sino también el hombre a la mujer (Efesios 5.21).

La Biblia centra su atención en las responsabilidades más que en los derechos. Un esposo cristiano tiende a pensar en el derecho que tiene de tener una esposa sumisa. Como escucha sermones que interpretan equivocadamente las palabras del apóstol Pablo, exhortándole a exigir sumisión a su esposa, encara los problemas matrimoniales con una animosidad innecesaria, o bien se siente resentido por haber sido unido a una mujer 'rebelde'. Las esposas cristianas también caen en un error similar, preocupándose más por el derecho de tener un esposo amante que por sus propias responsabilidades en la pareja.

En un buen matrimonio cristiano la sumisión es más fácil si la actitud de ambos es más bien dar que recibir amor. A su vez, esa sumisión hará que el amor sea más natural. Un matrimonio se parece a una pareja de trapecistas. Ambos corren mucho riesgo y ninguno de los dos tiene la seguridad garantizada. Sin embargo en la medida en que cada uno se concentra en cumplir sus movimientos de la mejor manera posible, logran un desempeño estupendo y armonioso. Ambos estarán orgullosos y satisfechos. ¡Pero ay del trapecista cuya preocupación se concentre en la ejecución de su compañero, desmejorando así su propio trabajo! ¡Alguno de los dos sufrirá un golpe terrible!

Padre pasivo, madre frustrada, hijo rebelde

Son frecuentes las situaciones problemáticas en las que se combinan un padre pasivo, una madre frustrada y un hijo rebelde, que merecen un tratamiento especial. Al hablar de padre pasivo me refiero a uno que generalmente evita la confrontación con sus hijos: o bien olvida la responsabilidad que tiene de disciplinarlos y cuidarlos (lo más frecuente), o bien los castiga con violencia injustificada. Un padre así puede ser eficiente y exitoso en su trabajo, aparentemente cooperativo con el consejero juvenil, capaz de demostrar una increíble sensibilidad hacia las necesidades básicas de sus hijos, y sin embargo quizás no se desempeñe adecuadamente como esposo y padre.

Generalmente ocurre que está casado con una mujer emotiva, probablemente sobreprotectora, y frustrada porque su esposo no la respalda cuando enfrenta situaciones difíciles. Carlos y su esposa eran este tipo de pareja. Vinieron a consultarme respecto a su hijo varón, Adolfo, de catorce años. En nuestra primera entrevista estuvieron presente los tres: Carlos, María y Adolfo. A pesar de mi experiencia en orientación familiar, perdí control de la entrevista desde el comienzo mismo. Durante una hora y media, Carlos, que era vicepresidente de una importante empresa, habló casi exclusivamente. Me explicó que en Argentina, donde habían vivido en una ciudad pequeña, Adolfo disfrutaba de la amistad de muchos amigos cristianos. Recién al venir al Canadá había caído en malas compañías. No había nada en Canadá que se pareciera a las organizaciones vecinales que había en Argentina. El traslado, según Carlos, había afectado más a Adolfo que a las hijas. Él entendía que este cambio, agregado a las dificultades de una nueva escuela con sistemas diferentes y un idioma desconocido, explicaba el cambio en la conducta de Adolfo.

A lo largo de la entrevista Carlos hablaba de 'nosotros' cada vez que exponía su punto de vista. 'Sentimos… pensamos… estamos seguros…' Yo supuse que hablaba por él y por María, aunque María no daba ningún indicio de estar de acuerdo o no con todo lo que él decía.

Mis primeros intentos por hacer que María y Adolfo entraran a la conversación fueron inútiles. Carlos siempre tomaba la palabra por ellos, y me dijo que Adolfo había incursionado en la droga, que no disfrutaba de la compañía de los jóvenes en la iglesia, que se había emborrachado varias veces, que lo habían pescado hurtando en un negocio y que se quedaba tarde de noche en mala compañía y todo eso a pesar de que una vez hizo profesión como cristiano. Carlos también me dijo que María estaba constantemente detrás del chico, y que algunos de los problemas de Adolfo se debían a la sobreprotección de la madre. Yo me sentía algo irritado con este desarrollo de la entrevista, pero no me desagradaba escuchar a Carlos, que parecía amable y ansioso por llegar a la raíz del asunto.

Por el rabillo del ojo miré a Adolfo, un muchacho menudo, de largo cabello negro, botas con taco y muy lustradas, y vaqueros rotosos. No mostraba ningún interés por el discurso de su padre sino que miraba absorto el piso, a veces contemplando sus botas, otras comiéndose las uñas. Su padre era alto y corpulento, y su madre baja y de cabello negro, como él.

Ya cerca de la finalización de la entrevista, Carlos estaba relatando la manera en que Adolfo desobedecía la hora establecida para volver a la casa. Una vez le había prohibido que saliera, pero el muchacho 'lo desafió'. ¿Quiere usted decir que se escapó cuando usted no lo veía?

—No —intervino María por primera vez—. Adolfo nos dijo que ni su padre ni yo podíamos impedir que saliera si él quería hacerlo, pero mi esposo dijo que le rompería la espalda si lo intentaba.

—¿Y qué ocurrió?

—Adolfo levantó un cuchillo —dijo María suavemente—, y mi esposo dejó que se marchara.

—¿Usted le permitió hacer eso? —pregunté, volviéndome hacia Carlos.

Él se puso incómodo.

—¿Y qué podría haber hecho? —dijo, encogiéndose de hombros— Él hubiera sido capaz de usarlo. No creo que fuera sensato enfrentarme físicamente a mi hijo.

Carlos tenía el doble del tamaño que su hijo. Repentinamente capté lo que había comenzado a sospechar: el hombre seguro, que tan fácilmente había dominado la entrevista, no era más que una bolsa de viento. Me dirigí a Adolfo.

—¿Cómo te sentiste cuando tu padre se acobardó?

Por un momento el muchacho no contestó. Luego pronunció una sola palabra: 'Miserable.'

—¿Quieres decir que deseabas que tu padre te hiciera quedar?

—No sé qué es lo que quería. Pero estoy seguro que no quería *eso*.

—¿Qué hizo tu padre?

—Actuó como si me tuviera miedo.

—¿Eso te asustó más que si hubiera perdido los estribos contigo?

—No sé. Por un momento me sentí grandioso... Pero sí, me asustó. Mi padre ya no podía obligarme a nada.

Adolfo no mostraba triunfo ni en la voz ni en la mirada, solo una expresión de desconcierto y temor.

Carlos parecía haberse encogido. Su autoconfianza se había desvanecido. María comenzó a expresar su preocupación por el muchacho. '¡Me encolerizo con mi hijo! Pero después hacemos las paces. Mi esposo no hace nada. ¡Ni siquiera habla con él!'

En la entrevista siguiente quedó más claro aún que Carlos, tan seguro en el trabajo y en situaciones sociales, era absolutamente pasivo en el hogar. María, que había estado callada durante la mayor parte de la entrevista, era quien hacía las decisiones en el hogar, y quien amenazaba o halagaba a los hijos y a su esposo para adaptarlos a sus propios deseos. Pero ella como su hijo necesitaban tener un esposo y un padre competente y fuerte, y ambos se sentían frustrados e incurrían en comportamientos extremos que los dañaban.

Pero había todavía una causa más profunda del conflicto. Carlos y María no se mostraban unidos entre sí ante Adolfo. María oscilaba entre renegar con su hijo y protegerlo de su padre. Carlos constantemente criticaba a su mujer y se resentía con ella. El muchacho los había distanciado entre sí y ahora se encontraba atrapado en el medio. Al no poder ayudar a los padres a comunicarse adecuadamente entre sí, yo tampoco podía ayudar a resolver el problema de Adolfo. Lo más grave, era la debilidad de la pareja que había dado origen al problema de Adolfo, ponía ahora en serio riesgo al propio matrimonio, en la medida que la tensión suscitada por el comportamiento de Adolfo profundizaba el resentimiento mutuo.

Barcos en un convoy

La búsqueda de armonía en la pareja debe ser la meta primordial en la promoción de la armonía familiar. Los hijos lo necesitan tanto como el propio matrimonio. Un factor básico en la verdadera armonía es la buena comunicación. Aunque ahora el tema de la comunicación se haya vuelto una especie de manía, sigue siendo verdad que contribuye significativamente a la armonía conyugal.

Algunos expertos en consejería familiar dicen que todas las causas de ruptura de parejas pueden anotarse bajo ese solo rubro. Al decir que 'falla la comunicación', están diciendo que ninguno de los cónyuges le dice al otro cómo se siente respecto a los hijos, qué debiera hacerse respecto a ellos, cuáles son las responsabilidades de cada progenitor, cuáles son los problemas básicos o cuál es la actitud que cada cónyuge tiene hacia el otro. Los padres quizás consideran que sí se han comunicado ('¡Ya te dije eso hace siglos!', 'Sabes perfectamente cómo me siento', 'Sí lo sabías, pero no quieres admitirlo'), pero en realidad la comunicación no ha sido efectiva. Cada uno está tan absorbido por sus propios puntos de vista que no escucha al otro. Cada uno supone, equivocadamente, que el otro es negligente, insensible, testarudo u obstinado. Como los barcos en un convoy que no logran seguir las indicaciones para mantenerse alineados, tienden a alejarse o bien a chocar entre sí.

Hay tres tipos de conflictos de comunicación entre los padres que surgen al tratar con los hijos: puede haber fallas en la comunicación con anterioridad al problema de conducta del hijo; puede faltar un punto de vista común respecto a los problemas del hijo; y puede faltar un criterio compartido respecto a la disciplina que debiera aplicarse en la situación.

Problemas de comunicación ya existentes

Algunos padres ya carecían de buena comunicación entre sí mucho antes de que aparecieran los problemas de los hijos. Ese era el caso de Carlos y María. Quizás no tenían conciencia de que les faltara comunicación. Pueden aducir que su relación era enteramente satisfactoria. Pero los problemas lo mismo existían.

Para una buena comunicación en el matrimonio se necesitan dos habilidades. Usted debe saber escuchar con atención, con una actitud comprensiva y con toda la intención de entender a su pareja. Además usted debe sentirse en libertad para expresar no solo la información de cada día sino sus propios sentimientos, actitudes y perspectivas. Ambas habilidades requieren práctica. La mayoría de nosotros estamos más ansiosos por hablar que por escuchar. En muchas discusiones cada parte interrumpe constantemente, y hasta hay conversaciones amigables en las que ambas personas manifiestan su ansiedad hablando simultáneamente.

Cómo escuchar

'Por esto, mis amados hermanos, todo hombre sea pronto para oír, tardo para hablar, tardo para airarse', nos aconseja Santiago (1.19). Hablamos porque queremos que los otros nos entiendan, y nos ponemos impacientes cuando ellos hablan porque estamos seguros de que ya sabemos y entendemos lo que van a expresar. Consideramos que no hace falta que hablen tanto. Hasta llegamos a pensar que no se entienden a sí mismos. Tendrían que ser más directos, considerar las cosas como realmente son. Pero nuestra impaciencia conduce al fracaso. Se ha dicho que una persona convencida a pesar suyo, sigue manteniendo la misma opinión. Cuando una persona siente que no se la escucha con interés, ella a su vez tampoco escucha.

La ansiedad nos hace hablar en exceso. Escuchar a otros nos pone frenéticos de impaciencia. Nos irritamos, nos molestamos. Lo que debiéramos hacer en esos casos es atarnos la lengua. No hay ninguna necesidad de irritarnos o apurarnos porque en realidad no importa que la otra persona esté equivocada. Solo importa que la preocupación que tiene sea atendida, escuchada con paciencia y comprensión.

Comprender a su esposa no significa necesariamente estar de acuerdo con ella. Significa mantener silencio mientras ella habla, ponerse en su lugar, escuchar con atención, observar su rostro y sus gestos corporales para percibir cómo se siente, y decir por ejemplo: '¿Podrías repetir eso? No te entendí con claridad', o 'Entiendo lo que quieres decir', o 'Eso debe haberte hecho sentir muy mal.' Significa lograr que la otra persona sienta que sus preocupaciones realmente son importantes para nosotros y que realmente queremos entenderla. La mayor parte de las veces queremos ser comprendidos, más de lo que queremos comprender a otros. El aspecto más importante de la comunicación es saber escuchar bien.

Cómo hablar

A pesar de la facilidad con que brotan las palabras de nuestra boca, podría ser que no nos estemos comunicando. Las palabras pueden confundir. Pueden encubrir otra cosa. No estoy diciendo que la ansiedad nos haga mentir, pero sí puede ser que nuestra turbación nazca en una necesidad inconsciente de no revelar lo más profundo de nuestro interior. No es fácil decirle a su pareja: 'Estaba molesto contigo anoche porque no viniste a la cama cuando te lo pedí.' Quizás le dé vergüenza decirlo. Quizás se diga a sí mismo que el disgusto de anoche no tiene nada que ver con la discusión de esta mañana. Es más fácil criticar la forma en que su esposa maneja a los niños que admitir que usted está fastidiado por algo trivial.

Solo se puede compartir un problema si se sabe cuál es ese problema. Como la mayoría de nosotros suele engañarse a sí mismo, quizás no tengamos la capacidad necesaria para advertir dónde radica la raíz de nuestra ansiedad. Necesitamos orar junto con el salmista: 'Examíname, Dios, y conoce mi corazón; pruébame y conoce mis pensamientos' (Salmos 139.23). Preferimos engañarnos antes que sentirnos avergonzados. ¿Cómo vamos a admitir que somos inmaduros o neuróticos? Aun cuando nuestra queja fuera válida, ¿nos pondríamos en evidencia mencionando el asunto en la discusión? ¿No sería mejor evitar que todo se venga abajo?

En muchos matrimonios hay una hueste de pequeños resentimientos ocultos, porque ambos cónyuges han aprendido a olvidarlos. Pero esos resentimientos pueden debilitar los lazos del afecto y la entrega. Puede parecer que todo está en orden, pero tal como ocurre con el metal que se va gastando en máquinas y puentes, los resentimientos reprimidos solo se hacen sentir cuando aumenta la tensión y entonces una repentina fractura sorprende a todo el mundo.

No solo debo expresar mis sentimientos tal como son, sino que los debo expresar de manera constructiva. No debo decirlos a los alaridos ni debo murmurarlos entre dientes. Debo sentirme libre de mirar a mi pareja a los ojos. Debo hablar con franqueza y claridad pero sin agredir. No debo decir: '¡Nunca vienes a tiempo a la cama!', ni '¡Siempre prometes venir a la cama y no lo haces!' Debo hablar acerca de mí mismo y de mis sentimientos, no acerca de las faltas reales o supuestas de mi cónyuge. Sería mejor decir de manera firme, sincera, clara: 'Me da vergüenza admitirlo, pero me sentí mal anoche porque no llegaste temprano a la cama. Todavía me siento molesto.' Quizás su esposa reaccione defensivamente, pero no tanto como lo haría ante una acusación directa. Y si reacciona defendiéndose, usted puede responderle: 'Puedes tener razón, querida, pero es así como me siento.'

Resumiendo, las peleas conyugales pueden disminuir de intensidad si se siguen algunas reglas:

1. Procure más entender que ser entendido, escuchar antes que hablar. Muestre interés en el punto de vista del otro.

2. Aprenda a reconocer porqué se siente mal.

3. Aprenda a expresar sus sentimientos de manera clara, simple, y no agresiva.

Estar de acuerdo respecto al problema

Nunca es fácil reconocer en sus comienzos si una conducta rebelde es una fase temporaria o es el heraldo de un problema grave. 'Mi esposo quería tomarlo como una etapa pasajera,' me escribió una madre, 'pero yo no pensaba igual respecto a los cambios de conducta en nuestro hijo. Creo que las madres percibimos estas situaciones porque nos guiamos por nuestras intuiciones y no por la lógica como hacen los hombres. Creo que él no quería ver el problema.'

Quizás no era tan importante quien tuviera la razón. El desenlace de los hechos le dio razón a los temores de la madre y no a la complacencia del padre. Hubiera habido mayor armonía y menos ansiedad si el hombre hubiera prestado atención a la ansiedad y a los temores de su esposa. Estos no se deben barrer y esconder bajo la alfombra; deben tratarse cuanto antes y con toda franqueza.

Es obvio que los cónyuges deben coincidir respecto a asuntos tales como permisos, disciplina, orden, tiempo compartido con los padres, modales en la mesa, deberes escolares y una infinidad de detalles prácticos. Si no hay ningún acuerdo al respecto, y cada uno se siente disconforme con el otro por la manera en que maneja a los hijos, es importante tratar estos desacuerdos a fondo, y preferiblemente no en presencia de los hijos.

No hay nada más destructivo para la familia que tener padres con pautas y estrategias incompatibles entre sí. Los niños reconocen rápidamente las diferencias y ponen a un padre en contra del otro.

Es de esperar que usted no coincida con su cónyuge en algunos temas. Cada uno de ustedes ha llegado a tener sus opiniones personales después de haber estado expuesto a los respectivos métodos de crianza de sus padres, a libros y artículos sobre la crianza de los hijos y a sermones sobre la perspectiva bíblica de la disciplina familiar. Como no han tenido los mismos padres, quizás no han leído la misma literatura y han escuchado

> No hay nada más destructivo para la familia que tener padres con pautas y estrategias incompatibles entre sí.

a predicadores diferentes que interpretan la Biblia de distintas maneras, es de esperar que surjan puntos de diferencia.

Si tienen la costumbre de discutir delante de los niños, revísenlo. Quizás no puedan superar el hábito en forma inmediata. En ese caso, deben pensar la manera de evitar que las discusiones se salgan de control o afecten las relaciones entre padres e hijos.

La situación más difícil se da cuando no hay acuerdo respecto a un asunto que requiere intervención inmediata.

Hijo: ¿Puedo quedarme en lo de Pedro esta noche?

Madre: Sí, no veo porqué no.

Padre: ¡Yo sí lo veo! Tiene esa tarea de física que le iba a demandar toda la noche…

Hijo: Pero papá, Pedro también tiene que hacerla. Vamos a trabajar juntos. Si me voy ya mismo puedo alcanzar un ómnibus.

Madre: No, hijo, no hace falta que corras. Yo te acerco con el auto. Tengo que ir hasta lo de García. Espera que me arregle el cabello.

Padre: Un momento…

Ahora la pelota está en el campo del padre. Creo que no hay ninguna salida fácil que él pueda tomar. Si sigue en desacuerdo y está seguro de que su postura será aceptada, quizás le resulte fácil decir: 'No, hijo. Lamento decirte que no te doy permiso esta noche. Deberías habernos avisado antes. Tendrás que posponer tu visita a lo de Pedro. Hoy te quedarás en casa a terminar la tarea de física. Si necesitas ayuda, estaré gustoso de darte una mano.' Por otro lado, si el padre adivina que esas palabras le llevarían a una prolongada y tensa discusión con su esposa, le sería igualmente viable decir: 'Y bueno, no estoy seguro de que me satisfaga la idea, pero podemos hablar de eso luego, querida.'

En el primer caso, la familia sigue el juego del padre, en el segundo, el de la madre.

Lo importante no es quién gana la discusión, ni siquiera si se hizo la mejor decisión respecto a la visita a la casa de Pedro, sino evitar que se abra una grieta en la relación de los padres delante del hijo. Es mejor conceder una victoria a su esposa en tales circunstancias, aun aceptando una decisión que va contra su propio criterio, que exponer al hijo a la desunión paterna.

Si ambos están encolerizados, puede ser difícil detenerse en medio de la discusión, pero vale la pena hacerlo.

Sin embargo, es importante advertir que el sistema nunca funcionará a menos que tengan confianza mutua y ambos estén dispuestos genuinamente a conceder algo en beneficio de una alianza permanente. Lo que se necesita es verdadera unidad, no una unidad superficial aparente. No critique por lo bajo. Pregúntele a su cónyuge si ha considerado otras maneras de manejar el asunto. Algunos padres no logran ponerse de acuerdo. Pero no hace falta que coincidan exactamente sobre cada tema. Pueden tener diferencias respecto a asuntos de menor importancia, o llegar a un acuerdo al respecto. No insista en que todos los miembros de la familia piensen igual que usted, ni que siempre deban darle la razón a usted. Por otro lado, no oculte su desacuerdo, especialmente en asuntos que son importantes para usted. Los desacuerdos reprimidos son los que nos empujan a cóleras repentinas e inesperadas. Aprenda a identificar esos asuntos y a compartirlos de manera beneficiosa.

Aquí tenemos entonces la cuarta pauta respecto a la comunicación:

4. Si su cónyuge no puede aceptar su punto de vista y el desacuerdo se mantiene, acepten la diferencia. Nunca simulen que hay acuerdo cuando no lo hay, ni se empecinen en resolver todos los desacuerdos.

Acuerdo respecto a la disciplina

Los padres debieran mostrar un frente único ante los hijos y ser leales hasta las últimas consecuencias. Cuando Daniel pregunta: '¿Puedo salir, papá?', el papá debiera responder: 'Pienso que sí, pero pregúntale antes a tu madre si no necesita algo.' Si la madre ya ha negado antes el permiso, entonces el padre debiera agregar: 'Daniel, deberías darte cuenta que no tienes que venir a pedirme permiso si tu mamá ya dijo que no. Ya sabes que tu mamá y yo somos un equipo unido.'

Lo ideal es que usted se mantenga al día y modifique sus estrategias en función de las circunstancias y las experiencias vividas. A lo largo del tiempo descubrirá que si bien su cónyuge tiene algunas debilidades, también tiene importantes lados fuertes que usted podrá ir valorando. Quizás descubran que cada uno es fuerte en el área en que el otro es débil, que se complementan mutuamente y forman un buen equipo.

Yo siempre sentía que mi esposa Lorrie era demasiado exigente con los niños y estaba siempre pronta a regañarlos. Ella, por su parte, desconfiaba de algunas pautas que para mí eran básicas. Conversamos mucho y largamente acerca de nuestros puntos de vista sobre los niños. A medida que pasó el tiempo cada uno de nosotros desarrolló un profundo respeto por las habilidades del otro. Yo descubrí que las intuiciones de Lorrie resultaban ciertas con demasiada frecuencia como para no tomarlas en serio, y ella se sentía impresionada por el resultado de algunas de mis estrategias a largo plazo. De socios difíciles en la crianza de los niños llegamos a constituir un estrecho equipo de trabajo. En cierta ocasión temimos que los problemas respecto a uno de nuestros hijos nos estuvieran alejando mutuamente. Pero la comunicación sincera entre nosotros logró el efecto opuesto: esos mismos problemas nos unieron aún más.

Las esposas suelen quejarse de que a ellas les toca ser el malo de la película en lo que hace a la disciplina de los hijos, pero de vez en cuando me encuentro con esposos que se quejan de que sus esposas boicotean la disciplina en el hogar. El problema generalmente se agrava a causa de opiniones diferentes respecto a lo que 'debería' hacerse. También en esto, los problemas deben sacarse a la luz y tratarse abiertamente. Si no hay una solución fácil, es sano buscar un orientador en quien ambos padres puedan confiar. Quizás al papá le sea difícil enfrentar el asunto de la disciplina. Puede echarse atrás ante la dificultad y sentir que podrían perder el amor de sus hijos. 'No veo porqué yo tengo que ser el ogro', me dicen con frecuencia los padres.

122 | Comienzo del sufrimiento

A nadie le gusta ser el ogro. Todos deseamos el amor de nuestros hijos. Sin embargo, debemos ser capaces de enfrentar nuestros temores, hablar acerca de ellos y superarlos. Los niños no sienten amor por los padres que pueden ser manejados por ellos; más bien los desprecian. El amor no existe si no hay respeto.

Si su matrimonio está intacto, lo mejor es que en la mayoría de las circunstancias ambos estén presentes cuando interrogan a los niños o cuando los disciplinan. Si descubre que en una entrevista conjunta usted prefiere hacerse atrás, pregúntese porqué le ocurre. Esa resistencia podría ser síntoma de que le falta unidad con su cónyuge o de que su propia relación con uno de sus hijos está asentada sobre diferentes bases que la de su pareja. Cualquiera sea el caso, es importante solucionar las diferencias o la falta de unidad. Recuerde que la relación de pareja debiera ser lo primordial.

Uno de ustedes puede ser el vocero si así lo prefieren, pero el otro debe dejar bien claro que es un socio pleno en todo lo que se hace. Quizás algunas veces se pongan de acuerdo antes de encontrarse con el hijo o la hija en cuestión. Un análisis cabal de todos los asuntos antes de la entrevista puede evitar la confusión cuando tratan con el chico.

Por otro lado, no les conviene ser demasiado rígidos ni hacer decisiones finales sin conocer todos los factores de la situación. Debe haber acuerdo respecto a los principios que les permitan trabajar armónicamente, más que respecto a los detalles. La nueva información que surja mientras hablan con el hijo puede requerir una modificación en el punto de vista asumido. En este caso uno de los cónyuges puede decirle al otro: 'Bueno, lo que Felipe nos está diciendo puede llevarnos a reconsiderar la decisión que habíamos hecho. Quizás tengamos que decirle que...'

Si es imposible que tengan una entrevista conjunta, o por alguna razón especial no es conveniente, el padre que no participa debe ser ampliamente informado al respecto. Y si usted es quien estuvo ausente, recuerde que las decisiones son difíciles de tomar y respalde las que haya tomado su cónyuge.

Si usted piensa que las decisiones hechas son inaceptables y deciden hacer un cambio, este debe hacerse de manera que no deteriore la autoridad de ninguno de los cónyuges. Supongamos, por ejemplo, que mamá siente que papá fue demasiado severo al prohibirle a Felisa que saliera durante una semana, por haber llegado media hora tarde a casa. Si ambos padres llegan a un acuerdo, luego el papá puede decir a su hija: 'Estuve hablando con tu madre respecto a tu tardanza. Ella piensa que la penitencia es demasiado severa. Lo he pensado otra vez, y estoy de acuerdo con ella. De modo que la vamos a modificar...' La autoridad de papá no será disminuida siempre que mamá se mantenga leal a él y rechace hacer el rol de perpetuo mediador.

Compartiendo planes y oraciones en la familia

Algunos asuntos deben ser tratados con la máxima discreción. Si David llega muy apesadumbrado y avergonzado confesando a sus padres una falta que no ha afectado a ninguno de sus hermanos o hermanas, comentar el asunto ante el resto de la familia es una vergonzosa manera de traicionar su confianza. De la misma forma, hay planes que deben guardarse en secreto, sea por la confianza que está implícita o por la buena sorpresa que se piensa dar.

Pero hay algunas debilidades o faltas, lo mismo que algunos planes y proyectos que pueden unir a la familia. Los padres sabios conocen la diferencia entre lo que debe ser compartido y lo que no. Si la familia suele reunirse a orar, la oración compartida respecto a esos temas puede producir un beneficioso sentido de unidad. Se pueden plantear preguntas y hacer sugerencias. Las cargas de un miembro de la familia pueden ser compartidas por toda la familia. Hasta las peleas y los antagonismos pueden dar lugar a que se ore con amor.

La oración es lo que hace que las fuerzas del cielo operen en el seno de la familia. Los beneficios psicológicos son secundarios. Pero de todos modos son reales, y muchas heridas conyugales o familiares han comenzado a sanarse al ser sometidas a la oración.

Permítame resumir dos últimas pautas sobre la comunicación:

5. Los padres deben estar de acuerdo respecto a la disciplina que se aplicará, y en lo posible estar juntos al tratar con alguno de sus hijos.

6. Un tiempo habitual de oración compartido en la familia, donde se expongan algunos temas o proyectos, puede contribuir a una sana relación familiar.

Comencé este capítulo advirtiendo que los problemas con los hijos pueden alejar a los padres entre sí. También le dije que puede suceder lo contrario: las nuevas tensiones, aunque puedan sacar a luz las debilidades, por esa misma razón pueden hacer que los cónyuges establezcan un matrimonio mejor y más firme. Puede ocurrir cualquiera de las dos cosas. Lo que puede parecer una tragedia irremediable, a menudo puede llegar a ser una asombrosa bendición.

Yo ya no trato de anticipar lo que puede suceder a un matrimonio cuando enfrenta problemas con sus hijos. Algunas situaciones me parecían irrecuperables, pero ninguna lo es definitivamente. Si ambos padres están de acuerdo en que, a cualquier costo, el matrimonio debe mantenerse intacto y fortalecido, y si ambos ponen su confianza en Dios (que inventó el matrimonio), ninguna situación puede considerarse irremediable.

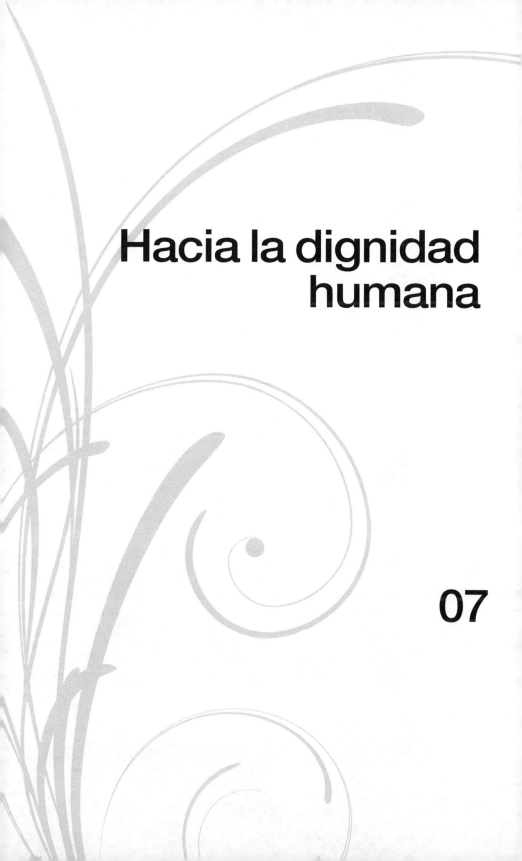

Hacia la dignidad humana

07

En los días en que todavía no habíamos sido iluminados respecto a la crianza de los niños, cuando los educábamos tal como nosotros habíamos sido educados, el castigo y la disciplina eran un todo. Disciplinábamos cuando los castigábamos, y los castigábamos cuando disciplinábamos.

Pero la ciencia ensalzó la disciplina y miró con desagrado el castigo. Se disolvió entonces un matrimonio que había durado siglos, y el castigo fue echado a la calle. Sin embargo hay evidencias de que la vieja pareja pugna por volver a reunirse, y que así separados hacen más daño que beneficio.

Muchos autores, tanto cristianos como no cristianos, han escrito sobre la disciplina de los niños; pero no conozco ninguno que trate en forma adecuada el tema del castigo. La disciplina generalmente se considera como iluminada y buena, el castigo como algo malo y pasado de moda. Los padres que recurren al castigo tal vez sean rotulados como 'punitivos', término que se hace sinónimo de 'hostil', 'vengativo' y 'cruel'. Quizás sea hora de que reexaminemos el lugar que tiene el castigo y seamos más cautos antes de descartarlos por completo. El castigo puede ser aplicado por personas pacientes y misericordiosas. No es un invento de personas crueles ni son necesariamente crueles las personas que la ejercen.

La disciplina y el castigo, juntos

El objetivo de la disciplina es entrenar a la persona que está siendo disciplinada. La disciplina es un recurso mediante el cual se puede modelar el comportamiento de una persona para que resulte agradable a los demás y beneficioso para la persona que recibe la disciplina. Si un niño tiene el hábito de hurtar, por ejemplo, la disciplina procura hacer que él o ella sean más honestos.

El castigo, por otra parte, intenta rectificar una injusticia. La persona castigada es considerada culpable. Él o ella tienen una deuda moral con el resto de nosotros. El castigo se considera como una forma de enderezar lo torcido, pagar la deuda y quitar la culpa. 'Te lo mereces,' le dice el padre al niño a quien castiga. 'He pagado mi deuda con la sociedad,' dice el criminal una vez que sale en libertad.

De modo que mientras la disciplina tiende a ayudar a la persona, el castigo tiende a beneficiar a la sociedad; ambos procuran que el mal no pase desapercibido, y de esa manera advierte a otros que pudieran llegar a cometer faltas. Si el castigo hace algo por la persona en falta, es darle la sensación de que 'mi daño ha sido pagado y puedo olvidarme de mi falta.'

El concepto del castigo no encuadra en el pensamiento moderno. La conducta anormal no se considera como mala sino como enferma. Según este enfoque, la delincuencia y el crimen requieren tratamiento y no castigo.

Cuando se castiga, en cambio, se supone que se está tratando con una conducta inmoral. No se castiga porque sea efectivo sino porque la justicia lo demanda. Se castiga a las personas aunque no haya ninguna garantía de que eso vaya a cambiarlas en algo.

No estoy cuestionando el valor de la disciplina o del tratamiento. Tienen el respaldo de la Biblia, de la sabiduría tradicional y de la ciencia. A lo que me opongo es a que se descarte el castigo o la separación entre el castigo y la disciplina. Recomiendo firmemente que disciplinemos y castiguemos. Nuestra tendencia a enfatizar la disciplina a expensas del castigo, y a pensar en las medidas que adoptamos solo en función de su efecto sobre la persona disciplinada, es anticristiano y moralmente peligroso. Lejos de ser más humanitario, abre espacio a una tiranía mayor tanto en la sociedad como en el hogar. Conduce a la confusión, es ajena a las Escrituras y en lugar de aliviar aumenta la presión sobre los padres.

Una sociedad carente de misericordia

Me imagino que hay muchos cristianos tan incómodos como yo ante el rechazo que se hace del castigo en favor del tratamiento. Otros quedan atrapados en la mentalidad moderna: prefieren ver las acciones de Dios como disciplina, destinada solo a entrenar y corregir a las personas, pero se ponen incómodos cuando se habla de un Dios que castiga y que visita al pueblo con juicio.

No podemos dejar de lado el castigo sin anular automáticamente cosas que todos consideramos muy valiosas. Si rechazamos el castigo (y con él la idea de que el castigo es algo merecido y que Dios es justo cuando castiga), entonces nos quedamos con un Técnico Celestial que solo brinda tratamiento. Ya no hay más Juez. En ese caso, debemos dejar de hablar de su gracia y su perdón. Como lo señala C. S. Lewis: 'Si el delito es solo una enfermedad que necesita ser tratada, y no un pecado que merece castigo, entonces no puede ser perdonado. ¿Cómo se puede perdonar a un hombre por tener un flemón o un pie plano?' Si Dios solo fuera un técnico, no podría otorgar la gracia del perdón que solo un Dios santo puede ofrecer a los pecadores.

Antes de pensar en las consecuencias para la vida familiar, consideremos por un momento algunas de las consecuencias sociales de ofrecer tratamiento a los criminales. Hace tiempo que se aplica en California el enfoque del tratamiento para el crimen. A los ofensores se les aplican sentencias abiertas de entre dos y diez años.

En el sistema californiano la extensión de las sentencias depende de cómo el ofensor responde al tratamiento. Antes de que este sistema se aplicara, un preso de buena conducta se hacía 'merecedor' de una liberación anticipada. Era un reconocimiento para el preso. Pero en el sistema actual el experto en el tratamiento quizás evalúe esa buena conducta como una manera de encubrir problemas emocionales aún no resueltos, que el preso está tratando de ocultar. De esa manera solamente un experto puede decir si el criminal está mejorando. Un psicólogo o un trabajador social deben tomarle el pulso al preso con una mano muy sensible para poder determinar su progreso.

La misericordia separada de la justicia deja de ser misericordia.

Desde el punto de vista del criminal esto resulta insatisfactorio. No tiene cómo apelar en caso de haber injusticia. Con el sistema anterior sabía qué podía esperar cuando se lo condenaba a diez años de cárcel. Lo peor que podía ocurrirle es que completara esos diez años de encierro. Luego estaba en su derecho de salir en libertad.

Ahora nunca saben cuánto tiempo van a permanecer en tratamiento, porque no depende de una sentencia, tampoco de la alternativa de merecer una liberación anticipada según criterios plenamente entendidos por los presos y los guardias. Lo que en un primer momento puede parecer gentil y humanitario, en la práctica se vuelve una tiranía enloquecedora, aun en las manos de personas bien intencionadas que honestamente pretenden ayudar. ¡Dios nos guarde de esta amabilidad tiránica! La misericordia separada de la justicia, como expresa Lewis, deja de ser misericordia.

¿Cuáles podrían ser las consecuencias si el modelo es adoptado por gobiernos malvados? George Orwell nos advertía contra esto en su novela 1984, y la realidad lo confirma.

Justicia en el hogar

Si usted opta por el modelo disciplina o tratamiento en su hogar, las consecuencias también serán destructivas. Los padres rara vez piensan en la diferencia entre disciplina y castigo, pero acertadamente consideran que las medidas que adoptan contienen tanto disciplina ('esto le dará una lección') como castigo ('se la buscó'). Pero como por lo general los libros sobre educación de los niños solo se refieren a la disciplina y no dan orientación alguna sobre el castigo, salvo la indicación de abandonarlo, cuanto más leemos más preocupados quedamos respecto de los resultados de la crianza que respecto de la justicia de nuestros actos.

Los padres representamos a Dios en la familia. Pero a diferencia de Dios, nosotros pecamos y cometemos errores. Sin embargo, aun dentro de los límites de nuestra falibilidad, también podemos ser justos. Nuestros hijos necesitan la justicia si han de crecer con el concepto de que el universo está fundado sobre una base justa. El universo no es un laboratorio sin moralidad donde se nos condiciona a un comportamiento socialmente aceptable. Los niños tienen derecho a la justicia. De hecho, tienen sensibilidad hacia la justicia (aunque no siempre estén acertados), y se resienten profundamente ante la injusticia. Por lo tanto debemos brindarles justicia además de ayuda.

Algunos padres se sumergen en una lucha de poder que nunca debería tener lugar. La erradicación de un mal hábito, y el establecimiento de uno bueno mediante la aplicación de una pauta científica, no debiera requerir otra cosa que paciencia y coherencia. Pero cuando el mal hábito no desaparece, algunos padres aprietan los dientes, pierden perspectiva, y puede desarrollarse una desagradable lucha. Si el método elegido incluye el castigo físico, los padres se descubren cada vez más incómodos ante la perspectiva de infligir reiteradamente sufrimiento físico a un niño angustiado, aturdido, incapaz de comprender.

El resultado final puede ser la desesperación y el distanciamiento.

Quizás el fracaso y la frustración no estén relacionados con el método seleccionado sino con el error de perspectiva. Los niños pueden ser condicionados, pero por cierto no son robots. No siempre puede modelarse el comportamiento infantil mediante una especie de ingeniería conductual, y los intentos a veces pueden llevar a un callejón sin salida.

Recuerdo a un padre que había llegado a uno de esos callejones respecto a su hijo de diecisiete años, que tenía una inclinación al hurto. Cierto día en que había evidencia incontrovertible de que el muchacho había estado tratando de forzar la ventana del dormitorio de su hermana, la desesperación y la ira del padre lo sobrepasaron.

> Le dije a Dios que no soportaba más. Le pedí que matara al muchacho o me matara a mí, que yo había llegado al límite de lo tolerable. Había hecho todo lo que podía hacer, lo había disciplinado de manera firme y constante, había sido comprensivo, había establecido con él un buen vínculo. Durante años había soportado presentaciones en la Corte, terapia familiar con psiquiatras, crisis tras crisis. ¡Y luego sucede esto! No sé qué me pasó o porqué reaccioné tan violentamente, pero dentro de mí se desató el infierno. Me derrumbé...

> Entonces advertí que al ejercer disciplina siempre había estado tratando de controlar algo en la vida de Roberto. Nunca se me había ocurrido castigarlo porque la justicia reclamaba castigo, sea que mis sanciones evitaran o no los hurtos. Advertí que hubiera tenido que darle en las nalgas con una vara, pero todos los libros aconsejaban no aplicar castigos corporales. ¡Además, él es más fuerte que yo!

> Oré durante horas. Era lo único que me daba paz.

> Cuando le expliqué que si él obraba mal merecía ser castigado, lo aceptó como un corderito; se mostró abierto

como nunca antes. Algo había ocurrido, pero no sé bien qué. No tenía nada que ver con el hecho físico, sino con el reconocimiento de los términos de la justicia. Todo cambió desde entonces.

Lo paradójico es que aunque no buscaba resultados, estos se produjeron. Tan asombroso como el cambio en el muchacho es la forma en que el padre resolvió su agonía. Encontró paz en medio de la frustración y la desesperación. Cuando le pedí una explicación, comentó: 'Tuvo algo que ver con dejar de ser responsable por los resultados de lo que él hiciera. Hasta entonces yo sentía que era yo quien fallaba, y quizás era así. Pero fue más que eso, fue el hecho de hacer lo que era correcto...'

¿Qué es lo correcto?

No estoy analizando aquí el castigo físico sino el concepto general del castigo, cualquiera sea el carácter de la medida. No estoy hablando de brutalidad, venganza, o cualquier intento de los padres de descargar su propia amargura sobre sus hijos. Más bien me estoy preguntando si es moralmente correcto aplicar un castigo a los hijos en honor a la justicia y no solamente en virtud de un tratamiento; es decir, porque lo merecen y no solamente porque les enseña una lección.

La dignidad del castigo

Tanto en sus exposiciones como en escritos de ficción, B. F. Skinner ha descripto con vigor un plan para producir un orden mundial de paz mediante lo que yo he llamado el modelo de tratamiento. Skinner no considera que los seres humanos hayan sido creados a la imagen de Dios. De hecho uno de sus libros se titula 'Más allá de la dignidad humana'. Sin pensarlo, muchos cristianos han adoptado el enfoque de Skinner en la crianza de los niños. Como cristianos, adhieren al concepto de la dignidad humana. Sin embargo, al divorciar la disciplina del castigo, se unen a Skinner. Tales padres modelan esquemas de conducta, eliminan rasgos indeseables, condicionan a sus hijos.

Cuanto más de cerca siguen ciertos manuales de crianza de niños, tanto más se preocupan por los resultados finales.

Estos padres han caído en el error sin advertirlo. Han dejado de lado la misericordia y han adoptado principios opuestos a la dignidad humana.

Quizás usted se pregunta: '¿Cómo puedo hacer que mis hijos se adapten a la familia, a la iglesia, a la sociedad? ¿Serán personas agradables con quienes estar? ¿Tendrán suficiente iniciativa para ser líderes?' Nadie quiere que sus hijos sean profetas o reformadores, ¿verdad?

Afortunadamente nuestros hijos resisten nuestros mejores esfuerzos por hacerlos entrar en moldes. Se retuercen y luchan hasta que los moldes de conducta se quiebran. Quizás no saben qué es la dignidad, pero la dignidad que está en ellos clama por hacerse oír. La dignidad que Dios puso en ellos desafiará nuestros intentos hasta que nos veamos forzados a reconocer la imagen de Dios en esos pequeñitos que estamos tratando de modelar a nuestro antojo.

> ¿Cómo aprenderán nuestros hijos la misericordia a menos que se la mostremos?

Pocos atributos divinos nos conmueven tanto como la muestra de la misericordia de Dios. La misericordia nos asombra. Despierta nuestro deseo de adorar y apela a lo que es más noble en nuestra persona. La misericordia puede tener el mismo efecto en nuestros hijos.

No es misericordioso un dentista que ignora una caries y envía al chico a su casa. Tampoco es misericordioso un entrenador que exime a un atleta de una parte esencial de su entrenamiento, porque resulta difícil. De la misma forma, adoptar un enfoque exclusivamente terapéutico en la crianza de los niños, y eliminar la práctica del castigo, deja fuera la práctica de la misericordia. Solo dentro del marco de lo correcto y lo incorrecto, del castigo y la retribución, hay lugar para el concepto de misericordia.

¿Cómo aprenderán nuestros hijos la misericordia a menos que se la mostremos? ¿Cómo aprenderán que el mal merece castigo a menos que no solo reciban disciplina sino también castigo? ¿Cómo vamos a enseñarles le pecaminosidad del pecado si lo tratamos como si fuera un mal hábito que hay que erradicar? El castigo puede enseñarle a un niño a que deje de pecar, y debe ser aplicado cuando se lo merece, independientemente de que el chico se corrija o no.

Además, sospecho que nuestros hijos no necesitan que les enseñemos que el pecado es malo. Ya lo saben.

El castigo de la expulsión

Debemos tratar con nuestros hijos de la misma forma que Dios trata con nosotros. Una vez enunciado este principio, no puedo dejar de avanzar hacia la conclusión lógica de este argumento.

El juicio de Dios sobre Israel y su rebeldía finalmente significó la desaparición del reino del norte y la esclavitud del reino del sur durante setenta años. Si nosotros debemos tratar con nuestros hijos como Dios trató con su pueblo en la antigüedad, ¿cuál debería ser nuestra sentencia sobre su persistente rebeldía? Dios nos otorga la libertad de elegir. ¿Debemos como padres hacer lo mismo? ¿Llega el momento en que los padres debieran obligar a sus hijos a dejar el hogar a causa de su pecado persistente?

Dios fue muy paciente con Israel y con Judá. Advirtió, disciplinó y esperó durante cientos de años. Había expresado en detalle su pacto con ellos a través de Moisés aun antes de que Israel fuera una nación. Los profetas reiteradamente señalaron el pacto como así también los pecados de Israel. Una y otra vez, a través de las derrotas en la guerra, del hambre y de las tragedias, Dios visitó a su pueblo con disciplina. Sus advertencias de que se acercaba la condenación se tornaron cada vez más explícitas.

Finalmente Dios permitió que su pueblo cosechara lo que había sembrado. El reino del norte fue llevado a la cautividad y desapareció de la faz de la tierra. Judá fue saqueado y sus habitantes fueron llevados hacia el norte, desde donde muchos años más tarde solo un remanente pudo regresar al hogar.

Encontramos el mismo esquema en el Nuevo Testamento. Vemos la paciencia de Jesús en la parábola de la higuera (Lucas 13.6–9). El juicio finalmente debe llegar, pero antes se darán todas las oportunidades necesarias de arrepentimiento. Jesús demostró este principio en su propia actitud tanto hacia individuos como hacia iglesias. Hablando de Jezabel, Jesucristo dice: 'Yo le he dado tiempo para que se arrepienta, pero no quiere arrepentirse de su fornicación. Por lo tanto, yo la arrojo en cama ...' (Apocalipsis 2.21–22). Y dirigiéndose a la iglesia de Sardis, dice: 'Acuérdate, pues, de lo que has recibido y oído; guárdalo, y arrepiéntete, pues si no velas vendré sobre ti como ladrón, y no sabrás a qué hora vendré sobre ti' (Apocalipsis 3.3).

La manera en que Dios trata con su pueblo constituye un modelo para los padres cristianos. Igual que él, a veces tendremos que dejar que los hijos que persisten en su rebelión cosechen las consecuencias de su maldad. Puede llegar el momento en que debamos retirarles todo tipo de sostén y obligarlos, en virtud de sus propias decisiones, a dejar el hogar. ¿Bajo qué circunstancias hay que llegar a una decisión tan dolorosa? ¿Cuáles son las pautas a seguir para expulsar a un joven rebelde de su hogar?

Es claro que los hijos no deben ser expulsados como resultado de un estallido de cólera. Nuestro hogar a veces ha servido como refugio temporal para jóvenes (entre los trece y los diecisiete) que han sido expulsados de su casa durante una pelea familiar. '¡Fuera de esta casa! ¡Y no vuelvas a aparecer por aquí!', es una clásica forma de decreto de expulsión. En la mayoría de los casos los adolescentes están de regreso en el hogar al cabo de un mes o menos, tolerados de mala gana hasta la próxima explosión. Pero a veces la destitución perdura.

José y Alicia tenían un hijo de dieciséis años, David, quien fue a parar a la Corte acusado de robar un camión, que usó para dar una vuelta y divertirse, chocó a dos autos y terminó contra una columna de alumbrado. David y sus dos amigos no sufrieron daño, ni tampoco las personas de los autos chocados. Pero David había estado bebiendo y era la tercera vez que combinaba la bebida con el acto de conducir por diversión.

Alicia perdió varias noches de sueño. ¿Era su culpa? Era trabajadora social, y reconocía que no siempre había estado en la casa cuando los niños la necesitaban. Por otro lado, había estimulado a sus tres hijos a practicar deportes (en los que se destacaban). Había acompañado a su hijo tanto en la escuela como en el club. También había pagado entrenamiento extra en vista de su especial capacidad. Ella se sentía orgullosa de él, pero no pensaba que fuera el producto de un camino ególatra elegido para sí misma.

La culpa se le hacía mayor por el hecho de que buena parte

La manera en que Dios trata con su pueblo constituye un modelo para los padres cristianos.

de su trabajo profesional consistía en orientación familiar. Se suponía que era una experta en estos asuntos… ¿A quién podía ir en busca de ayuda? Le daba vergüenza recurrir a sus colegas.

La reacción de su esposo fue violenta. '¡Que se vaya de aquí! Ya le hemos dado demasiadas oportunidades. Es tiempo de que aprenda la lección.' José era capataz en una empresa de construcción.

José no se percataba de que ambos eran legalmente responsables por los daños cometidos. ('No pienso pagar un peso más. ¿Entiendes? No me importa lo que diga el juez.') Estaba demasiado enojado como para compartir el sentimiento de Alicia, de que David era todavía inmaduro para hacerse cargo de sí mismo. ('Si puede conducir un camión y aplastar un par de autos, entonces es lo suficientemente grande como para ganarse la vida y cuidar de sí mismo.')

Alicia también estaba enojada, no solo con José sino también con David. Pero como madre, las actitudes protectoras ocupaban el primer plano durante la pelea. Más aun, siendo trabajadora social conocía sus responsabilidades legales. También conocía de primera mano cómo eran los centros juveniles de rehabilitación. Lo recomendaba a las personas que la consultaban, pero nunca hubiera pensado en mandar a David.

Dos meses más tarde David desapareció de la casa después de una pelea con su padre en la que éste le había dicho 'que desaparezca para siempre'.

He visto al menos un par de cartas en las columnas dedicadas a orientación familiar en el periódico, donde se narra el final feliz de algún muchacho o chica expulsados del hogar. El adolescente reaparece un año después, correctamente vestido, con un empleo formal, mostrando una conducta transformada. Sentir en carne propia los duros golpes de la vida fue suficiente para 'enderezar' a estos jovencitos. Pero en la mente de los padres quedan flotando muchas preguntas. ¿Dará resultado expulsarlo de casa, o no hará más que hundirse en el fango? ¿Es correcto hacerlo? ¿Es justo? ¿Es lo que Dios querría que haga?

La decisión puede ser dolorosa. El padre de una adolescente que había dejado la casa me dijo: 'Ese día yo había recorrido palmo a palmo las playas. Había orado diciendo: Señor, si no la encuentro hoy me doy por vencido. No voy a seguir ayudando siempre. Y no la encontré. Me puse firme desde ese día. Se había puesto fuera del alcance de nuestra ayuda, pero la seguíamos amando...'

Algunos padres se sienten demasiado atormentados por sus propias dudas y no pueden actuar con firmeza. A veces nace la amargura en los hijos más dóciles, que se sienten desatendidos por sus padres porque están ocupados en restaurar al hijo pródigo. Tal vez las cosas llegan tan lejos que los padres se ven en la encrucijada de decidir cuál de los hijos quedaría en el hogar: el hijo problema o el que no lo es. La rueda que hace ruido termina recibiendo tanta grasa que la rueda sana se desprende del eje y se aleja.

Los padres que no se deciden a tomar medidas drásticas debieran preguntarse porqué. ¿Están demasiado asustados? Es lógico que lo estén. La sola idea de exponer a un hijo al rigor, a la soledad, a la tentación moral, es algo que sacude todos los instintos paternales. ¿O es que temen la opinión de la gente? ¿Se están aferrando a la fantasía de que las cosas se van a solucionar de manera mágica si resisten un poco más?

Los padres que se aferran a retener a sus hijos deben advertir que al pagar deudas y costos jurídicos por la trasgresión de normas muy claras, o aun por el hecho de seguir brindando casa y comida, pueden llegar a ser, desde el punto de vista moral, cómplices de la conducta delictiva. Su manera de manejar la situación hace posible que los jóvenes rebeldes continúen viviendo como lo han venido haciendo. Para ellos el hogar no es más que un hotel gratis. En lugar de ayudarlos a seguir la rectitud, los padres les están trasmitiendo el mensaje de que no hace falta ser rectos porque ellos, sus padres, siempre los cuidarán y sacarán del pozo.

La decisión de expulsar a un hijo del hogar no debe ser tomada simplemente porque resulta efectiva ni para solucionar rápidamente las cosas. Debe ser una decisión justa. ¿Es moralmente correcto retener al hijo en el hogar cuando otros miembros de la familia sufren alguna forma de privación por causa de ellos? ¿Son lo suficientemente grandes como para cuidar de sí mismos, es decir, conseguir trabajo y proveer para su sustento? ¿Son mayores de edad desde el punto de vista legal? ¿Han recibido suficiente advertencia respecto a lo que ocurrirá si continúan por el mismo camino? ¿Han sido esas advertencias el producto de amenazas airadas o de una conversación en la que se les explicó porqué hay que llegar a esa medida? ¿Se establecieron límites claros? ¿Se le dará al hijo el derecho a visitar el hogar? ¿Cuántas veces podrán venir a comer a la casa? ¿Pueden quedarse a dormir alguna noche? ¿O sería imprudente hacerlo hasta tanto y solo en caso de que haya salido del lodo?

No tengo respuestas para todas estas preguntas, pero debo responder algunas. Obviamente los padres deben reflexionar con mucha anticipación acerca de todos los aspectos de la expulsión del hijo, y también deben analizarlos en detalle con el hijo en cuestión. Deben tomar en cuenta tres áreas críticas: los privilegios de las visitas, las finanzas y los plazos. Además de estos temas, deben considerar con ellos las estrategias que se emplearán. Todo esto les hará ver que se trata de un paso concreto.

En mi opinión las visitas a la casa deben ser estimuladas, a menos que existan serias razones en contra. Una cena ocasional o una visita cada domingo puede ser un buen arreglo. Estas visitas darán a los padres la oportunidad de aconsejar a sus hijos y de tomar conocimiento de los progresos que podrían dar lugar a la reincorporación. La expulsión es una penitencia suficiente, no hace falta caer en el ostracismo total.

> La prueba de su madurez será la capacidad de ejecutar la decisión combinando ternura y firmeza.

También deben analizarse las finanzas, por las razones que ya he mencionado. Si el adolescente no tiene empleo, los padres se sentirán ansiosos. Pero la falta de empleo no es razón suficiente para que el joven se quede en la casa. Puede ser doloroso que tenga que buscar trabajo, pero ese sufrimiento puede ser saludable, y le obligará a enfrentar la realidad de la lucha por la vida. Si los padres le hacen llegar dinero impiden que se cumplan los objetivos de la expulsión.

La determinación del momento en que los límites han sido sobrepasados dependerá mucho de la edad del hijo. No sería correcto expulsar hijos demasiado jóvenes para cuidar de sí mismos. Los padres deben reflexionar cuidadosamente acerca de la preparación que tienen sus hijos. Los niños maduran a diferente ritmo, y algunos pueden manejarse bien cuando tienen dieciséis.

Dios también les fijó límites a Israel y a Judá. Y cuando llegó el momento, actuó aplicando el juicio. Aun así, podían regresar a él si se arrepentían. Pero mientras tanto debían sufrir la suspensión de su cuidado y su sostén.

¿Qué pensamos de ese terrible juicio de Dios sobre su pueblo? Sabemos que Dios no es un Juez frío e inescrutable. Por duros que sean sus juicios, sigue siendo un Dios de amor.

No se puede amar verdaderamente a una persona si se le niega la dignidad de enfrentar los resultados de sus propias decisiones. Sería traicionar el verdadero amor y ofrecer algo menos que amor, un 'amor' salpicado de egoísmo y debilidad. Paradójicamente no podemos amar a menos que arriesguemos la pérdida de la persona que amamos.

Dios respetó la dignidad de nuestros primeros padres. Podría haber evitado su trágica desobediencia y de esa forma podría haber controlado todas las tragedias de la existencia humana. Dios les dio a elegir. Y eligieron rebelarse. Por lo tanto, él se vio obligado a expulsarlos del paraíso.

Si Dios respeta de esa forma la autonomía que nos ha dado, nosotros debemos dar el mismo trato a nuestros hijos. En los primeros años no están en condiciones de tener el control total de sus vidas porque son aún demasiado vulnerables, débiles, carecen de experiencia. Pero cuando llega el momento, y ese momento debe ser decidido por los padres delante de Dios, debemos otorgarles la dignidad de que enfrenten las consecuencias de sus propias acciones.

Puede ser doloroso. Si alguna vez debe tomar esta decisión extrema, no deje que la amargura lo endurezca. La prueba de su madurez será la capacidad de ejecutar la decisión combinando ternura y firmeza. En su corazón puede repetir las palabras de Samuel: 'Así que, lejos de mí pecar contra Jehová dejando de rogar por vosotros' (1 Samuel 12.23).

Ayuda
profesional

08

¿Cuándo debe un padre buscar ayuda profesional para una hija o un hijo que produce problemas? ¿Cómo puede decidir un padre qué clase de ayuda necesita y quién es la persona mejor calificada para ofrecerla? ¿Qué peligros acechan en los consultorios de los psicólogos, de los trabajadores sociales, de los psiquiatras y de los consejeros? ¿Puede ser que hagan más grande la brecha que me separa de mi hijo? ¿Me van a criticar? ¿Pondré de manifiesto mi ignorancia? ¿Sacudirán mi fe?

¿Debiera un cristiano buscar ayuda en profesionales no cristianos? ¿No contienen las Escrituras toda la sabiduría que puedo necesitar? ¿Pueden tener los profesionales no cristianos más discernimiento que el propio Espíritu Santo? Buscar ayuda profesional ¿no resulta una manera de entrar en compromiso con el mundo? ¿No estaré demostrando falta de fe?

¿Ayuda para qué?

Es obvio que uno no le pide a un plomero consejos sobre el jardín o a un músico que diagnostique un cáncer. Tampoco le consultaríamos al pastor sobre los colores para decorar la sala ni al maestro de escuela bíblica sobre una inversión financiera.

Es cierto que los asuntos pueden no ser tan fáciles de discriminar. Si Dios es experto en todo, supuestamente no necesitaríamos la ayuda de ningún otro especialista. Pero Dios no es el sustituto de una enciclopedia. ¿Quién buscaría a Dios para encontrar información que se supone está en las páginas amarillas de la guía? ¿A quién se le ocurre orar para que su sed sea calmada si tiene un grifo a mano? ¿Por qué pedir a Dios que nos libere del agotamiento si nos espera la cama y ya es hora de acostarse? Dios no es un 'cadete celestial'. Dios nos ha provisto de recursos y nuestra relación con él no progresará si no sabemos echar mano de los recursos que nos ha dado.

Un padre me dijo: 'Yo no aceptaría ayuda de un profesional a menos que sea cristiano. Comparto un grupo de oración con un psicólogo, y he observado a otros psicólogos y psiquiatras. Ellos mismos tienen problemas a los que están buscando respuesta. ¿De qué me vale buscar su ayuda?'

Una madre me relató acerca de las muy diversas experiencias que había tenido con profesionales. 'El primer médico no me ayudó en absoluto. Me sentí desilusionada y deprimida. Fue una pérdida de tiempo. Perdí las esperanzas… Pero, siento que necesito recibir ayuda, y en esto momento la estoy recibiendo, a pesar de que mi primera experiencia fue negativa.'

¿Qué saben los especialistas?

Sin duda hay variaciones entre los profesionales, no solo respecto a su fe sino respecto a su capacidad para brindar ayuda. Algunos son cálidos y otros son rígidos. Algunos muestran sabiduría y experiencia, otros son inmaduros e incapaces. Algunos están tan atados a la teoría que consideran cualquier problema a la luz de sus prejuicios ideológicos. Otros toman las teorías con pinzas porque son conscientes de que los problemas y las personas no entran bajo un rótulo. Algunos son pomposos y orgullosos, otros son amables y comprensivos. Es decir, son seres humanos.

Aun en lo que se refiere a la fe no se trata de blanco y negro. Hay cristianos torcidos e incompetentes cuyo principal interés es llenarse el bolsillo o ganar prestigio. Hay personas no cristianas competentes y respetuosas, que aunque saben menos que usted sobre las Escrituras podrán ofrecerle ayuda a partir de su amplia experiencia, en áreas en las que usted ni siquiera se ha puesto a pensar.

Los especialistas en consejería no difieren de los especialistas en cualquier otro campo. Son técnicos, técnicos en el comportamiento humano, quizás aún en el funcionamiento del cerebro y de las funciones corporales. Todos sabemos que está mal robar, pero a veces los especialistas pueden detectar porqué a Hernán le resulta tan atractivo robar. De la misma forma, todos sabemos que los hijos deben cumplir con la tarea escolar. Pero los psicólogos podrían identificar que Carolina tiene dificultades para comprender lo simbólico, y que esa es la causa de su constante distracción.

Cualquier fenómeno puede explicarse de distintas formas. Supongamos que usted está sentado en su sala escuchando música y un visitante del espacio le pregunta: '¿Por qué está la sala llena de extraños sonidos?'

Podríamos darle a este visitante al menos dos tipos de explicación. Una de ellas tendría que ver con las técnicas de grabación, con los instrumentos musicales, con *woofers* y *tweeters*. Sería una explicación tecnológica respecto de la reproducción del sonido. Por otro lado podríamos decir: 'La sala está llena de sonidos extraños porque yo me sentía solo y quería reconfortarme. Los sonidos son algo que llamamos música.' Sería una explicación teleológica, o si prefiere verlo de otra manera, una explicación psicológica. Observe que ambas explicaciones tienen que ver con las causas, en un caso causas inmediatas y en otro con causas últimas. Son explicaciones totalmente diferentes, pero no son contradictorias ni excluyentes. Cada una corresponde a un significado diferente de la palabra 'por qué'. De la misma manera, es posible dar diferentes formas de explicación del comportamiento humano sin que esas explicaciones sean contradictorias.

En cierta ocasión hablé con un muchacho de dieciséis años que había matado a varios oficiales de policía en un tiroteo cerca de su casa. ¿Por qué los había matado? Matar es malo, y podemos con razón decir que sus actos fueron inmorales. Mató porque sentía odio y un terror mortal. Pero mientras hablaba con él percibí otro aspecto del asunto. '¿Por qué disparaste contra la policía?'

—No eran policías. Estaban disfrazados de policías.

—¿Qué te hace pensar eso?

—Tenían ojos celestes, muy celestes, brillantes, dirigidos contra mí. Son del espacio exterior. Van a destruir el mundo...

Como tenía su mente perturbada, mi paciente era presa de terrores imaginarios. Semanas más tarde, como respuesta a una medicación apropiada, tomó conciencia del horror de los actos que había cometido. Si hubiera recibido ayuda técnica apropiada en una etapa más temprana, la tragedia nunca hubiera ocurrido.

Los padres cristianos a veces ven solamente el aspecto 'moral' de un problema. Los profesionales, si bien no ignoran el aspecto moral, pueden identificar el aspecto psicológico, que puede o no ser de importancia. En el caso de algunos de mis pacientes este aspecto puede llegar a ser muy importante.

Nicolás, de diecisiete años, tenía accesos de cólera tanto en la escuela como en la casa. Hablaba constantemente, a veces su risa era hilarante, no dormía más de cuatro horas, era hiperactivo, y constantemente se metía en peleas. El psiquiatra especialista en adolescentes diagnosticó que era hipomaníaco. Una pequeña dosis de carbonato de litio (una sal inerte) hizo que su exceso de actividad descendiera a un nivel normal, y que todas sus cóleras, risotadas y peleas desaparecieran. La ira y la pelea tienen aspectos morales, físicos y psicológicos. El psiquiatra de Nicolás detectó una perturbación psicológica que provocaba los excesos. Una vez que ese factor fue regulado, la tendencia de Nicolás de caer en peleas y estallidos de cólera se redujo drásticamente.

¿Adónde recurrir?

Una vez que no han encontrado solución en las ayudas más próximas (otros miembros de la familia, maestros, pastores), los padres suelen recurrir a los consejeros, trabajadores sociales, psiquiatras y psicólogos. ¿Cómo pueden saber a quién dirigirse primero? ¿Qué diferencia puede haber si el profesional es un cristiano?

Hay causas psicológicas que la ciencia no está en condiciones de resolver. A veces una voluntad rebelde o un corazón incrédulo pueden explicar cabalmente el problema que aflige a un padre ansioso. Tenemos que reconocer que, dado que la ciencia es provisoria e incompleta, o que la mente de muchos niños es decididamente rebelde, los chicos que logran ayuda profesional son una minoría de aquellos que acuden en busca de auxilio.

¿Qué grado de ayuda pueden los padres esperar de un consejero? Los orientadores experimentados pueden apoyarse en su experiencia personal para intentar responder a dos preguntas: en primer lugar, cuál es la causa que subyace al problema; y en segundo, qué gravedad reviste. También pueden dar a los padres una orientación respecto a cómo tratar con el problema de una manera beneficiosa, y cuál es la perspectiva de futuro.

Si son honestos, en algún caso tal vez tengan que admitir que no tienen posibilidad de ofrecer ayuda. Quizás pueden indicar a los padres otro profesional en mejores condiciones de intervenir.

Problemas comunes que requieren ayuda profesional

Consideremos en primer término algunos serios problemas de los adolescentes, que requieren ayuda profesional, y luego analizaremos los distintos tipos de consejeros y el beneficio que pueden brindar.

Embarazo

Pocas cosas impactan tanto a los padres como el embarazo de una hija adolescente. La mayoría siente que los embarazos ilegítimos son algo que solo ocurre en otras familias.

Una hija embarazada, temerosa de la reacción desmedida de parte de sus padres, quizás haya intentado el aborto. Lo más frecuente es que la muchacha esté tan confundida que no sepa qué camino tomar y disimule lo más posible su condición, sin admitir que tendrá que enfrentar el inevitable desenlace y tomar serias decisiones. A veces la joven decide huir. A veces los padres se enteran a través de amigos, o de un profesor o del tutor de la escuela.

La joven y sus padres enfrentan varias decisiones: interrumpir o no el embarazo, retener el bebé o entregarlo en adopción. A veces los padres de la joven conservan al bebé. Quizás la pareja decide continuar y casarse, y en ese caso generalmente conservan a su bebé.

El aborto es una medida a la que los cristianos se opondrían. Algunos lo consideran injustificado en cualquier caso, otros lo consideran válido solo en circunstancias especiales. Los médicos pueden recomendarlo si la vida de la madre corre riesgo o si se ve seriamente amenazada su salud emocional. Puede justificarse en niñas muy jóvenes o cuando el embarazo es producto de una violación. Hace poco una niña de doce años fue violada en nuestra ciudad por un sádico sexual, y se le permitió un aborto terapéutico para proteger su salud emocional.

Cualquiera sea la perspectiva que usted tenga respecto a la moralidad del aborto, debe pensar cuidadosamente antes de recomendar esta opción a su hija. Es cierto que una adolescente muy joven no está emocionalmente preparada para ser madre, y es cierto que algunas chicas quedan con perturbaciones emocionales al llevar el embarazo a término. Pero el aborto también puede dejar cicatrices emocionales. Algunos estudios indican que las probabilidades del daño emocional producido por el aborto son mayores que las que produce llevar el embarazo a término.

Al evaluar cuidadosamente la salud emocional de su hija, los psiquiatras y psicólogos especialistas en adolescentes pueden brindarle ayuda si se plantea ese interrogante. Es probable que no se pronuncien ni a favor ni en contra del aborto. Esa decisión debe ser tomada por usted, por su hija, y en algunos casos, por una comisión médica especial. Lo que sí pueden hacer es mostrarle las consecuencias emocionales que tendrá la decisión sobre la joven. Al examinarla tendrán alguna noción acerca de su esquema emocional.

Conociendo los estudios realizados sobre el efecto del aborto en madres menores y de la entrega en adopción, pueden estar en condiciones de anticipar lo que podría ocurrir con la niña en cualquiera de las alternativas que se tome. En muchos lugares existen ahora organizaciones a favor de la vida que están dispuestas a dar apoyo y orientación a quienes se sienten angustiados por el embarazo y necesitan ayuda para analizar la situación. Con todo, en estos casos también hay que tomar en cuenta que la ayuda ofrecida puede ser tendenciosa.

Si su hija está embarazada, sea cauteloso respecto al tema de la adopción. Una joven ya mayor, capaz de cuidarse a sí misma, tiene derecho a decidir por sí misma si quiere retener al bebé o entregarlo en adopción. Pero si trabaja para mantenerse o está estudiando, usted se pregunta: ¿quién cuidará del bebé? La mayoría de las mujeres de mediana edad se inquietan al advertir que la principal responsabilidad respecto a la criatura recaerá sobre ellas y no sobre la madre del bebé.

Las consecuencias de retener al bebé o de darlo en adopción deben ser analizadas en forma franca y global por todas las personas afectadas. Finalmente, cualquiera sea la decisión final nadie debe tomarla *por* la joven. La tentación de controlar la situación es muy grande, especialmente por la tendencia a compensar las faltas para evitarle problemas a la hija, pero es importante no caer en ello. La decisión debe ser hecha *con* su hija y por ella misma.

Alcoholismo

Si su hijo ha estado embriagado en varias oportunidades a lo largo del año, usted debe prestar atención.

Las definiciones que se dan del alcoholismo no son satisfactorias. Quizás la mejor y la más simple es la que expresa que es alcohólico quien ha perdido control de lo que toma y que al hacerlo se está dañando en sentido social, físico o de alguna otra manera. Es decir que si la borrachera de su hijo ha estado asociada con conducta delictiva en más de una oportunidad, usted debiera pensar que está ante un problema de alcoholismo.

Enfrente a su hijo o a su hija con la posibilidad de que esté teniendo problemas con el alcohol. Hágale ver que no es alcohólico el que está completamente perdido sino aquel que tiene problemas con la bebida. Hágale ver claramente, también, que no hay nada que usted, como padre, pueda hacer para resolver el problema. La única solución para una persona que tiene problemas de alcoholismo es que él o ella renuncien al alcohol de por vida.

Quizás usted no sepa cuánta gravedad reviste el problema. En ese caso puede recurrir a la opinión de los trabajadores sociales, los psicólogos, psiquiatras o consejeros.

Es mejor no presentar el alcoholismo como un pecado grave, en parte porque el hecho de que beber, a diferencia de la borrachera, no es en sí mismo un pecado, y en parte porque la carga de la culpa acentúa la tendencia a beber en lugar de resolverla. Cuanto más culpable se siente el alcohólico, tanto más tiende a beber.

Es sensato, entonces, enfocar lo absurdo del hecho de beber más que su pecaminosidad. El sentido de culpa ya está presente. En cambio la reflexión respecto a que tomar es 'loco', 'tonto' o 'estúpido' (por los problemas que crea en la persona que toma) puede abrir una perspectiva nueva y positiva. '¿Es pecaminoso? Sí, lo es,' podría responder usted, 'pero también es bastante estúpido...' Debe señalar la tontería que significa beber, sin destruir la personalidad de su hijo, pero tampoco debe protegerlo de las consecuencias de esa locura sino enfrentarlo cara a cara con ellas.

La psicoterapia y la consejería han demostrado casi universalmente no ser de utilidad frente al alcoholismo. Los terapeutas más experimentados están de acuerdo en que si bien puede haber problemas psicológicos que llevan al alcoholismo, en la práctica es inútil tratar de resolver esos problemas si el alcohólico no deja primero de tomar. Algunos conductistas han demostrado por medio de estudios muy controlados que el alcohólico puede aprender a tomar de manera discrecional, y que es más probable tener éxito con una meta de esa índole que con la abstinencia total. Lamentablemente, si bien resultan impresionantes, los estudios de seguimiento rara vez continúan más de seis meses, de manera que nadie puede decir qué ocurre eventualmente con ese bebedor 'controlado'. De todos modos, no conozco de ninguno de estos estudios llevado a cabo con jóvenes. Sería más sensato en el caso de ellos apuntar hacia la abstinencia total.

Existen muchas instituciones con terapias de internación para alcohólicos, que varían desde dos semanas hasta varios meses de duración. Algunas instituciones tienen una orientación cristiana. El costo y el valor de estos tratamientos varían mucho. Es conveniente averiguar todo lo posible respecto a estas instituciones antes de sugerir a su adolescente que emprenda el tratamiento. Alcohólicos Anónimos es una organización que integra grupos, pero no suele ser adecuado para los adolescentes, que se sienten fuera de lugar junto a hombres y mujeres mayores. Puede serles más útil el grupo complementario de Alateen, si bien su meta es ayudar a adolescentes que tienen padres bebedores.

Habrá notado que usé la palabra 'sugerir'. La razón es que la experiencia ha demostrado en forma universal que la persona alcohólica debe 'querer' recibir ayuda para que esta pueda ser efectiva.

Se puede lograr un alejamiento temporal del alcohol mediante la administración de disulfiram, una droga que se toma en forma oral. Después de uno o dos días de medicación, si el paciente toma alcohol se siente descompuesto, siente ardor en la piel, palpitaciones, dolor de cabeza y quizás náusea y vómitos. Saber que esto va a ocurrirle es suficiente para mantenerlo alejado de la tentación de beber. Llega a funcionar como un talismán que protege al bebedor de la tentación repentina.

Alberto, de dieciséis años, tenía serios problemas con el alcohol. Reconocía que era un problema y estaba dispuesto a recibir ayuda. Su padre, después de hablar con el médico de la familia, explicó a Alberto el efecto de la droga y le dijo que la condición para que él siguiera viviendo en su hogar era tomar una dosis diaria del remedio. La dosis sería prescripta por el médico y administrada diariamente por el padre de Alberto.

Durante la primera semana de tratamiento, Alberto hizo dos intentos de comprobar la efectividad de la medicación. Tomó apenas unos sorbos de vino pero se sintió tan mal que admitió que la pastilla funcionaba. Desde entonces ha dejado de frecuentar los amigos con quienes bebía y está mucho mejor incorporado en su familia.

No hay que esperar milagros con el disulfiram. Solo puede dar un respiro temporal hasta tanto su hijo o su hija encaren el problema. Una vez que Alberto deje la casa paterna, podría suspender la droga cada vez que vaya a beber. Al cabo de cuarenta y ocho horas la droga dejará de tener efecto sobre la bebida. De manera que mientras permanezca en el hogar, son sus padres, con su consentimiento, quienes están controlando su tendencia al alcohol. La verdadera meta debiera ser que Alberto llegara a controlarse por sí mismo, convencido de la importancia de hacerlo.

La conversión a Cristo puede ser una ayuda en este problema. La sensación de limpieza interior, de un nuevo comienzo, la imagen de Jesucristo... son todos factores muy fuertes que pueden alejar a su hijo o hija del problema. Pero la conversión no resuelve automáticamente el asunto. Uno podría suponer que es así, pero la experiencia demuestra lo contrario. El exceso en la bebida puede esclavizar al cristiano con la misma fuerza que cualquier otro pecado persistente.

Por último, usted debe reconocer que no puede evitar (salvo con la administración de la droga mencionada y en las condiciones que he expuesto) que su hijo se meta en complicaciones a causa de la bebida. La severidad, la disciplina y el castigo casi nunca resultan eficaces. La solución está en las manos de su propio hijo. Usted debe aceptar el hecho de que no es usted quien resolverá el problema de su hijo con el alcohol; acéptelo no solo por el bien de su hijo sino por su propia salud.

Homosexualidad

Descubrir que su hijo está envuelto en prácticas homosexuales puede ser un golpe muy duro. Pero usted debe conservar la calma. Si quiere ayudar a su hijo, el pánico y la cólera deben desaparecer antes de que usted hable sobre el asunto.

La gravedad de la situación varía con la edad y con la amplitud y prolongación en el tiempo que haya tenido la práctica homosexual. Un muchacho de catorce años que se ha mezclado un par de veces en juegos eróticos no está en la misma situación que un joven de diecisiete que lleva meses en una relación homosexual. Ya escribí respecto a la homosexualidad en mi libro *Hacia la sanidad sexual*.[1] Me gustaría agregar aquí un par de comentarios.

Su hijo puede o no querer ayuda. Quizás ni siquiera desee hablar sobre el asunto. Si ese es el caso, es poco lo que usted puede hacer. Cuanto más prolongada haya sido la práctica, es menos probable que su hijo quiera suspenderla. Algunos homosexuales pueden ser ayudados a reorientar su homosexualidad si desean hacerlo. Con otros esa reorientación es extremadamente difícil. Para muchos homosexuales cristianos la única solución es la abstinencia sexual. Si su hijo está dispuesto, puede ser conveniente consultar un psiquiatra o psicólogo con experiencia.[2]

Si quiere tener una comprensión más clara de lo que ocurre dentro de la mente de un homosexual, le sugiero que lea *The returns of love* (Las recompensas del amor)[3], de Alex Davidson, un sensible y emocionante relato de la lucha de un homosexual cristiano.

Enfermedad mental

Es casi seguro que ante un comportamiento extraño e inexplicable en su hijo, los padres recurran ansiosamente al psiquiatra.

Comienzan a rondarles palabras tan temidas como locura, crisis nerviosa, esquizofrenia.

La enfermedad mental plantea a los padres cristianos al menos tres clases de problemas. La primera se refiere al futuro. A medida que van tomando lugar cambios atemorizantes en la manera en que el chico piensa, habla o se comporta, y a medida que el niño que conocían y amaban se va tornando en un extraño, comienza a preguntarse: '¿Qué le depara el futuro? ¿Cómo terminará todo esto? ¿Podrá alguna vez ganarse la vida? ¿Podrá ser independiente?'

Luego están las preguntas respecto a la relación con el niño. '¿Pueden nuestras actitudes empeorar su situación? ¿Cómo debiéramos comportarnos?'

Algunos padres se sienten asaltados por interrogantes aún más profundos. '¿Qué es la enfermedad mental? ¿Existe realmente? ¿O es un mito, como lo afirman tanto autores cristianos como no cristianos? ¿Es consecuencia del pecado? ¿Y en ese caso, es el pecado mío o de mi hijo? Peor aún, ¿es esta situación una manifestación de posesión demoníaca?'

Es tan amplio el espectro de interrogantes y los temas que surgen son tan complejos que no pueden ser adecuadamente analizados aquí. Sin embargo, permítame decir algo respecto al tercer grupo de preguntas. La enfermedad mental sí existe. La extraña conducta que la acompaña a menudo está asociada a modificaciones corporales y cerebrales, modificaciones que hasta cierto punto pueden ser corregidas por la medicación. Desde los años cincuenta el uso de drogas ha modificado radicalmente la práctica de la psiquiatría. Se las denomina genéricamente como neurolépticas y psicotrópicas. Se las puede clasificar en dos grandes grupos: antidepresivas y antisicóticas.

Su importancia radica no solo en su poder para modificar las manifestaciones de la enfermedad mental, lo que ha dado la posibilidad de tratar muchas de esas enfermedades en forma ambulatoria, sino en el hecho de que han abierto el camino a nuevas investigaciones sobre la neuroquímica, y a una nueva comprensión sobre el funcionamiento del cerebro y de los mecanismos nerviosos.

Los medicamentos de que disponemos son instrumentos toscos, y nuestros conocimientos de neuroquímica son aún primitivos. Tampoco debemos reducir el comportamiento humano al nivel biológico. La biología y la psicología son dos caras de una misma moneda y es importante que entendamos ambas. Sin embargo, se han hecho avances enormes en la neuroquímica. Aunque todavía falte mucho por recorrer, la perspectiva de los que padecen enfermedades mentales es mucho mejor de lo que era apenas treinta años atrás.

Los medicamentos a los que me estoy refiriendo no son desagradables para ingerir ni producen hábito. No son un sustituto de la terapia ni deben relevar a la persona enferma de su responsabilidad de actuar o pensar racionalmente. Si se usan adecuadamente las drogas psicotrópicas, al normalizar e integrar el funcionamiento del sistema nervioso central pueden ayudar a los pacientes a distinguir más fácilmente entre realidad y fantasía, y a enfrentar sus problemas de manera más realista.

La enfermedad mental no está más ni menos vinculada al pecado y a la actividad demoníaca que el cáncer, la diabetes o la neumonía. Algunas enfermedades son resultado directo del pecado. Conducir en estado de embriaguez puede producir accidentes y la promiscuidad sexual puede provocar sífilis cerebral. Pero generalmente la relación es más indirecta. Somos vulnerables a la enfermedad (mental y física) porque somos seres caídos, hijos e hijas de Adán y Eva. Es tan apropiado buscar ayuda médica para la enfermedad psiquiátrica como lo es para el asma, el reumatismo o la úlcera.

Los psicólogos y psiquiatras clínicos conocen muy bien el cuadro de la enfermedad mental y pueden ser una excelente ayuda en casos individuales. Pueden cometer errores, como cualquier especialista en cualquier campo, ya sea en el diagnóstico o en el tratamiento que proponen. Pero no hay mejor ayuda humana que la que ellos pueden ofrecer. Los médicos y pastores cristianos de su lugar de residencia pueden estar en condiciones de orientarlo hacia la mejor ayuda disponible en la zona.

Los psiquiatras son médicos que se han especializado en la enfermedad mental. A diferencia de los psicólogos, tienden a ocuparse más de la anormalidad que del comportamiento normal. Siendo yo mismo psiquiatra, creo que nuestro mayor aporte radica en el diagnóstico y tratamiento de las formas más graves de perturbación emocional. Sin embargo, los psiquiatras varían en cuanto a sus intereses, actividades y creencias tal como ocurre con los psicólogos. En muchas facultades de medicina psicólogos y pisquiatras trabajan lado a lado en los departamentos referidos al comportamiento humano.

Quizás la principal diferencia entre ambos, en la mayor parte del mundo occidental, es que solo los psiquiatras, por ser médicos, están autorizados a prescribir medicamentos. Es posible que factores políticos y económicos gradualmente presionen a los psiquiatras para que se reduzcan al campo de la consulta médica, pero por el momento son muchos los psiquiatras que prefieren dedicar una gran parte de su tiempo a la psicoterapia o a la consejería.

En tanto todos los psiquiatras son médicos especializados en enfermedades mentales, los psicoanalistas son aquellos que se han psicoanalizado ellos mismos y que han recibido entrenamiento por parte de un analista reconocido. (El psicoanálisis es una escuela de pensamiento que se originó con Sigmund Freud y que ahora se presenta bajo muchas corrientes.) Hay muchos países donde se puede ejercer como psicoanalista sin ser médico porque este tipo de terapia no incluye la prescripción de medicina.

Los consejeros

Trabajadores sociales, enfermeras, psiquiatras, psicólogos, tutores escolares y una cantidad de otros profesionales a quienes se consulta por problemas personales han llegado a ser rotulados como consejeros. Se han multiplicado los cursos de capacitación en consejería, y los graduados pueden ser denominados como consejeros pastorales, consejeros matrimoniales o familiares, según el carácter del entrenamiento que hayan recibido.

Dado que su capacitación es muy diversa, también son muy variables sus habilidades, y algunos de ellos manejan recursos que otros no tienen. Los psiquiatras y psicólogos, por ejemplo, tendrán mejor comprensión respecto al funcionamiento del sistema nervioso central que los consejeros pastorales, cuya principal habilidad radica en el conocimiento bíblico y doctrinal. Lo que es más decisivo, como ya dije antes, es que la experiencia, la personalidad y las actitudes de los consejeros varían notablemente e influyen sobre su desempeño.

Por lo tanto hay dos tipos de información que uno debiera requerir respecto a un consejero: en primer lugar, qué formación teórica y práctica ha recibido, y en segundo lugar, qué personalidad tiene. Las dos clases de información son importantes, y si hubiera que privilegiar uno de los aspectos, yo diría (aunque muchos de mis colegas no estarían de acuerdo) que es la personalidad, la experiencia, el grado de interés por cada paciente, su actitud cálida, su objetividad y falta de prejuicios.

En cuanto a la ayuda de grupos no profesionales, ya debiera haber quedado claro que si bien tengo un saludable reconocimiento por una buena capacitación y las certificaciones pertinentes, tengo un respeto aun mayor por la experiencia, la capacidad de percibir intuitivamente y una actitud cálida. Cuando se presentan estas condiciones, yo no dudaría en recomendar en ciertos casos la ayuda de agencias no profesionales. Es imposible, en un libro breve como este, brindar información global y precisa respecto a los muchos grupos no profesionales que existen, y lo mejor sería limitarme al más conocido, el de Alcohólicos Anónimos.

Esta entidad (AA) surgió del Movimiento de Oxford (ahora conocido como Reordenamiento Moral). Su historia y su filosofía están contenidas en lo que se conoce como el Libro Negro.

No es una entidad cristiana. Sus miembros no buscan la ayuda de Dios, sino de cualquier noción de Dios que les sea plausible y útil. Por lo tanto no puedo respaldar la postura teológica de AA, pero debo reconocer el encomiable trabajo que hace por mantener a los alcohólicos alejados de la bebida. El sostén que ofrece el grupo, la insistencia en una total honestidad con uno mismo y con otros, el inexorable rechazo de la deshonestidad y la autocompasión, son todos rasgos positivos y beneficiosos que un cristiano puede sinceramente respaldar. Es una gran lástima que ese afecto y esa honestidad falten en muchas iglesias que en consecuencia resultan ineficaces para tratar con los alcohólicos. Hay dos organizaciones hermanas que siguen tradiciones similares: Alanon y Alateen. La primera es la organización que reúne a las esposas de los alcohólicos, y la segunda a sus hijos. En muchos sentidos su trabajo es aun más valioso que el de AA. Al enseñar a las esposas e hijos de los alcohólicos cómo comportarse con ellos (enfatizando especialmente la importancia de permitir que los alcohólicos vivencien las consecuencias de sus acciones), estas organizaciones ayudan a mantener la familia unida y presionan al alcohólico a enfrentar su problema y buscar ayuda.

A veces se les ofrece a los adolescentes ayuda a través del sistema escolar. Muchas instituciones educativas cuentan con el privilegio de tener centros de orientación integrados por trabajadores sociales, psicólogos, fonoaudiólogos, psicopedagogos y psiquiatras. Una vez que un maestro detecta que el niño tiene un problema, especialmente si es un problema que estos especialistas están en condiciones de manejar, la escuela puede requerir (con o sin el conocimiento o consentimiento de los padres), que el gabinete preste su ayuda.

En la mayoría de los casos este sistema es beneficioso y contribuye al bienestar del niño. Casi siempre el gabinete tomará contacto con los padres, a quienes se entrevistará a fin de obtener mayor información respecto al problema del niño.

Los padres cristianos a veces se sienten incómodos respecto a la ayuda que ofrecen estos centros, que puede ir desde la fonoaudiología hasta el psicoanálisis. Los padres se enfrentan con el dilema de aceptar lo que el centro puede ofrecer (generalmente en forma gratuita), o buscar ayuda privada que en ese caso tendrán que pagar.

Me resulta difícil sugerir pautas que sean válidas para la mayor parte de Occidente. Generalmente, cuando se trata de dificultades en el habla o dislexias, los padres harán bien en aceptar la ayuda ofrecida por el gabinete escolar. Puede ser más problemático cuando la asistencia incluya terapia familiar, o el tratamiento de desórdenes de conductas o de emociones. En este caso dependerá del trasfondo y la personalidad del terapeuta involucrado. Si los padres se sienten intranquilos, pueden buscar ayuda idónea en otros recursos de su comunidad.

Cómo elegir

Para quien mira desde afuera este panorama resulta confuso. Continuamente aumentan las profesiones que ofrecen ayuda a las personas, escuchándolas y haciendo luego sabios y oportunos comentarios. Lamentablemente no solo hay rivalidad entre las distintas profesiones sino entre grupos dentro de una misma profesión. Así, un psiquiatra de tendencia psicoanalítica se sentirá más cómodo con un trabajador social de la misma orientación que con otro psiquiatra que se incline más por la psicología conductista.

¿Cómo puede entonces un padre seleccionar de entre este popurrí de profesiones, títulos, orientaciones teóricas y personalidades a la persona más indicada para ofrecerle ayuda? Y todavía queda preguntarse, como dije al comienzo del capítulo, si realmente es necesario buscar ayuda. Permítame hacer algunas sugerencias.

1. Su hijo debe estar dispuesto a recibir ayuda. Esto no se aplica necesariamente a niños más pequeños. Usted puede intervenir sobre un niño pequeño e influir en él para su bien. Pero a medida que crecen, es cada vez más imperativa la regla de que deben querer recibir ayuda para que esta sea realmente

efectiva. Hacia el final de la adolescencia ningún experto podrá arreglar nada a menos que su ayuda sea bien recibida y el joven se esfuerce por aplicarla.

Hay muchos padres que me traen a sus hijos adolescentes y me imploran: '¡Por favor le ruego que lo cambie!' Pero yo no puedo modificar a nadie que no desee ser transformado. Es muy distinto si el propio adolescente dice: 'No sé porqué actúo de esta manera y quiero cambiar. Por favor ayúdeme.' Este deseo es condición básica para recibir ayuda profesional. Y si la raíz del problema radica en que la comunicación en la familia está completamente distorsionada, también ellos deben reconocer que están involucrados en el problema y mostrarse dispuestos a salir adelante.

Los profesionales no son magos. Lo que pueden hacer es diagnosticar con precisión y dar pautas orientadoras. No los consulte a menos que las personas con problemas estén dispuestas a resolverlos.

2. Pida opinión al médico de la familia o al pastor. Si conoce un buen consejero cristiano, acuda a él. De lo contrario, el médico de la familia puede indicarle si lo que necesita es ayuda médica o de otro tipo. De la misma forma el pastor tendrá una idea más global que usted respecto a los recursos de la comunidad y podrá indicarle la persona apropiada para consultar. Quizás conozcan qué profesionales, sin ser cristianos, muestran simpatía hacia la fe de sus pacientes.

3. No rechace la ayuda simplemente por proceder de personas no cristianas. Puedo entender perfectamente a aquellos que no desean recibir ayuda de una persona no cristiana. Entiendo que un cristiano tendrá más confianza en una persona de su propia fe. Pero desde mi experiencia profesional, y habiendo hablado con innumerables colegas respecto a su propia fe y a la de sus pacientes, sé que muchos de ellos tienen un genuino respeto por una creencia aunque no la compartan. Considerarían una grave falta ética decir o hacer algo que disminuyera la fe de su paciente. De todos modos, no puedo decir esto respecto a todos mis colegas.

Hay algo más que usted debiera tomar en cuenta. Hay un dicho que expresa que el que mira de afuera ve buena parte del juego. Nos engañamos como cristianos si pensamos que los no cristianos son incapaces de comprender nuestras palabras y nuestras acciones. Esto puede ser cierto a veces, pero los no cristianos a veces nos ven tal como somos, precisamente porque nos contemplan desde una perspectiva no religiosa. A veces cerramos tanto nuestra mente a la acción del Espíritu Santo que éste debe recurrir a un portavoz no cristiano para señalarnos en qué manera nos estamos engañando.

4. Hay que preocuparse más por la persona que por sus títulos. Este punto merece ser reiterado. Ningún título del mundo vale más que la experiencia. Si uno de mis propios hijos necesitara ayuda y yo tuviera que elegir, me quedaría con un trabajador social cálido, firme, comprensivo y experimentado, y no con un psiquiatra brillante recién graduado de la mejor universidad del país. También preferiría un profesional no cristiano competente y experimentado antes que uno cristiano sin experiencia.

Las llaves para abrir la caja fuerte

No importa cuán valiosa pueda ser la ayuda profesional y cuánto pueda ayudar un libro cómo este, nada puede superar el abrazo cálido de un hermano en la fe que ha pasado por experiencias similares y está dispuesto a acompañarlo en la prueba. Los padres que se están ahogando en un mar de confusión necesitan ser auxiliados por manos humanas. Como dice uno de mis corresponsales, necesitan 'brazos de carne y sangre' que los rodeen y 'cerebros de carne y sangre' que les den consejos. ¿Dónde puede encontrarse ese auxilio?

Cuando estuvimos pasando dificultades como padres, Lorrie y yo buscábamos ayuda en vano. No nos faltaban amigos cristianos comprensivos, pero no tenían la sabiduría necesaria para ayudarnos. Nos sentíamos como si siempre estuviéramos unos metros por delante de ellos, aun cuando nosotros mismos estábamos tanteando en la oscuridad. Pero en la misericordia de Dios algunos de ellos nos ayudaban de manera muy práctica. Nunca dejaremos de sentirnos agradecidos por su bondad.

Quizás Dios deseaba que pensáramos y oráramos nosotros mismos sobre la cuestión, porque sin nuestras lágrimas amargas este libro no se hubiera escrito. El camino hacia la paz quedó profundamente grabado en nuestras mentes, '...para que podamos también nosotros consolar a los que están en cualquier tribulación, por medio de la consolación con que nosotros somos consolados por Dios' (2 Corintios 1.4). He sentido el gozo de ver reaparecer la sonrisa en rostros surcados por las lágrimas cuando me tocó ayudar a un padre a liberarse de las mismas cadenas con las que yo había luchado antes.

> Busque a otros padres que están con problemas y no tema exponer su propio sufrimiento.

Usted podría estar necesitando ayuda humana. ¿Dónde encontrarla? Es cierto que puede acercarse a Dios. Pero Cristo lo ha colocado entre hermanos y hermanas para que usted sea de consuelo para ellos y ellos lo sean para usted, para que puedan enseñarse y sostenerse mutuamente. No se muestre orgulloso o reticente a recibir ayuda, porque Dios habla a través de su pueblo.

Tampoco debe desanimarse si no recibe ayuda inmediata. Mire hacia adelante. No le ate las manos a Dios. La ayuda puede provenir de una fuente inesperada, de alguien fuera de su iglesia, aun de alguien cuya manera de pensar y estilo de vida usted no comparta. Elías recibió protección y fue alimentado por una viuda pobre y por los cuervos.

Por algún motivo especial, quizás Dios lo pruebe como hizo con nosotros, sin brindarle consuelo humano. Quizás le toque vivir una situación excepcional donde la ayuda divina haga que el auxilio humano resulte superfluo. Pero habitualmente Dios nos toca a través de los dedos de seres humanos y nos habla por medio de sus voces. La ayuda puede venir incluso de personas que también están sufriendo y buscando respuestas, igual que usted. Busque a otros padres que están con problemas y no tema exponer sus propios sufrimientos. Saber que no están solos puede ser una ayuda invalorable.

Quizás sea precisamente la persona que está luchando la que mejor pueda ayudarle. Muchos años atrás, cuando trabajaba en un banco, el ritual de cada mañana era encontrarnos ante la caja fuerte. Cinco personas teníamos cinco llaves diferentes y solo cuando nos reuníamos todos podíamos acceder a la caja fuerte. Si cualquiera de nosotros faltaba se perjudicaba seriamente el trabajo de esa jornada.

Procuremos encontrarnos aquellos que estamos sufriendo. Si estamos solos nuestro progreso se verá dificultado por enormes puertas de acero. Pero esas mismas puertas se abrirán cuando nos reunamos a sumar nuestros hallazgos y recursos.

Problemas
con la ley

09

Cuando un auto de policía se detiene en la puerta de la casa o cuando hay una llamada telefónica desde la comisaría, el impacto es casi siempre tan tremendo para el padre como para el propio hijo o hija. La ley resulta intimidante cuando no se sabe nada acerca de ella. Muchos cristianos son especialmente sensibles a estas experiencias porque toman con mucha seriedad la recomendación de Pablo de someterse a las autoridades (Romanos 13.1).

¿Qué deben hacer los padres cristianos cuando se enteran de que sus hijos han estado cometiendo actos delictivos? ¿Llamar a la policía? ¿Exigirle al chico que se presente a la policía? ¿Qué hacer si la policía pide a los padres que les dejen hablar a solas con el joven? ¿Y si recibe una citación para presentarse ante el juez? ¿Hay que recurrir a un abogado? Si su hijo o hija es realmente culpable, ¿no debe el cristiano aceptar la sentencia impuesta por la corte?

Como ya dije, los cristianos tienden a respetar la autoridad y a mostrarse más dispuestos a colaborar con las autoridades legales que las personas no cristianas. Pero a medida que se conoce mejor la ley y sus obligaciones, más se advierte que las cosas distan mucho de ser blanco y negro.

Buscando justicia

Al fin de cuentas, la ley son personas: oficiales de policía, jueces, abogados, carceleros. Y la gente es muy variada. El intento de preservar la paz y establecer justicia por medio de la ley dista mucho de la perfección. Aun cuando las leyes y el uso que se haga de ellas sea justo, las leyes son aplicadas por personas pecaminosas. Incluso los que son respetables y tratan de ser correctos, son de todos modos personas falibles. Otros son canallas declarados, y otros son sencillamente incapaces. Por esas razones la ley y su aplicación no llegan a cumplir cabalmente su cometido. Van a la cárcel y aun a la muerte personas que no lo merecen. Y otros que debieran estar presos están libres. Podría afirmar lo mismo respecto de cualquier profesión o área de la vida civil, y lo que digo no debe tomarse como un ataque a la legalidad en sí. En todas partes hay personas falibles y pecadoras.

¿Cuál debiera ser entonces la actitud de los cristianos ante la ley? Un análisis de Romanos 13.1–7 parece dejar en claro que en general la actitud cristiana ante la ley es la de colaboración y obediencia civil. A pesar de la realidad de que quien administra la ley pueda ser injusto, Pablo señala que en primera instancia están nombrados para castigar al que hace mal y no a la persona honesta, y que todo el sistema está instituido y gobernado en última instancia por Dios mismo.

Sin embargo, cuando comparamos Romanos 13 con otros pasajes, encontramos que el asunto no es tan simple. Cuando los edictos humanos vayan en contra de Dios, el cristiano debe obedecer a Dios. '¿No os mandamos estrictamente que no enseñarais en ese nombre?' —tronó el sumo sacerdote, solo para oír la respuesta de los apóstoles: 'Es necesario obedecer a Dios antes que a los hombres' (Hechos 5.28–29).

Pablo hizo un pequeño alboroto cuando lo encarcelaron injustamente (sin juicio previo) en la ciudad de Filipos. Se negó a ser liberado a menos que fueran los propios magistrados de la ciudad quienes llegaran a la cárcel para ponerlo en libertad junto con Silas, y que admitieran públicamente su mala acción (Hechos 16.35-39). Pablo también usó de sus derechos legales para poder llegar a Roma (Hechos 25.25), y se defendió más de una vez ante una corte. Pareciera entonces que la enseñanza en Romanos no excluye el uso de los recursos legales para obtener justicia o para denunciar la falta de justicia por parte de la autoridad.

Un buen principio, entonces, sería: No acepte siempre y en cualquier caso la acusación de parte de las autoridades, y cuando sea apropiado utilice recursos legales para defenderse a sí mismo y a su familia. El objetivo no es el de evitar las penalidades que corresponden a una mala acción, sino evitar que se interprete su conducta de manera errónea o se le dé un tratamiento injusto.

Al referirme a sentencias injustas se me plantea otra cuestión: ¿Cómo se decide cuál es una 'penalidad justa' en el marco de la ley? ¿Quién dice qué es justo y qué es injusto? En asuntos criminales de menor importancia, un magistrado puede tomar la decisión simplemente basándose en el informe policial y en el reconocimiento de culpabilidad por parte del infractor. Pero en general la decisión llega después de una controversia en la que dos expertos dan su interpretación de la ley, uno de ellos representando al querellante y el otro al infractor.

Supongamos que a usted lo pescan saliendo distraídamente de un negocio sin haber pagado la mercadería. (Esta perspectiva me produce pesadillas porque soy muy distraído cuando voy de compras). Desde el punto de vista técnico, usted es culpable de hurto. Si hay una ola de hurtos en los negocios, los jueces pueden estar cada vez más airados al respecto y las penalidades serán cada vez más severas. ¿Cómo se decide cuál sería una sentencia justa en su caso?

Su abogado puede pensar, y quizás está en lo cierto, que usted solo cometió un error y debería declarárselo inocente. Pero el abogado demandante puede pensar de una manera totalmente distinta. De modo que se sigue una especie de regateo. Usted y otros testigos serán interrogados y vueltos a interrogar a fin de establecer con precisión los hechos y cuál sería una salida justa. Una 'sentencia justa', entonces, no es una realidad concreta sino una solución de compromiso a la que llegan las partes. Es probable que cuando haya dos abogados presentando sus puntos de vista, la decisión sea más justa que si se procediera de otro modo. Si usted intenta defenderse solo sin tener conocimiento alguno de la ley, está corriendo el riesgo de que se lo sentencie injustamente.

Investigando a la policía

Por regla general es sensato colaborar con las autoridades, ya que la policía generalmente procura detener el crimen y defender al ciudadano honesto. Pero los policías a menudo se sienten muy presionados en su tarea, como si tuvieran que hacer ladrillos sin barro. Entonces podrían volverse exageradamente rigurosos o bien descuidados respecto a los derechos de los jóvenes que han delinquido. A veces son injustos. Hay policías malos de la misma forma que hay malos médicos y malos predicadores. Los siguientes ejemplos son una advertencia en contra de una confianza demasiado ingenua.

Gustavo, de dieciséis años, les dijo un día a sus padres que había entrado a un negocio y había robado varios paquetes de cigarrillos. Sus padres, cristianos, telefonearon a la policía y estos pidieron hablar a solas con Gustavo. Para la policía resultó una gran oportunidad, porque Gustavo confesó haber cometido actos similares en cinco oportunidades durante las últimas seis semanas. Ninguno de esos hechos hubiera sido descubierto si él no los confesaba.

La policía no intimidó a Gustavo en absoluto. Elogiaron su honestidad y su colaboración y le dijeron que su buena disposición jugaría a su favor ante la Corte.

Desgraciadamente no fue así. Le dieron una larga sentencia a cumplir en un pésimo reformatorio juvenil. Después se supo que en los cinco primeros hurtos había sido inducido por muchachos de más edad. Si se hubiera sabido este detalle la sentencia podría haber sido diferente. Gustavo había tratado de proteger a sus amigos encubriéndolos. Necesitaba consejo (que nunca recibió) respecto a lo absurdo de su conducta basada en un falso sentido de lealtad. Y sus padres tuvieron que pagar seis paneles de vidrio que les costaron $250 cada uno. Si todos los otros muchachos hubieran sido detenidos, el gasto se hubiera distribuido de manera equitativa.

Si los padres de Gustavo hubieran estado mejor informados no hubieran permitido que la policía interrogara a su hijo a solas. Era correcto que se conociera su culpabilidad, pero no fue justo que recibiera la sentencia que recibió. Ni era correcto que sus padres tuvieran que pagar todo lo que pagaron.

El reformatorio juvenil tuvo un efecto aplastante sobre el muchacho. Entró asustado y arrepentido de su conducta pero cuando salió era un pequeño delincuente. Un buen abogado podría haber sugerido una alternativa menos dañina, no solo por el bien del chico sino de la propia sociedad.

Los padres de Arturo se enteraron de que su hijo de quince años había comenzado a tener contacto con la marihuana cuando recibieron amenazas telefónicas. Había perdido su primer y único paquete por lo asustado que estaba. Dejó la droga en el asiento del ómnibus y salió corriendo, convencido de que el hombre sentado detrás de él era un policía. En consecuencia, no tenía el dinero para pagar a sus proveedores, y de allí las llamadas telefónicas de amenaza. En su desesperación, Arturo se volvió a Dios.

Los padres de Arturo eran médicos. La policía de la ciudad no estaba muy al tanto del tema de drogas, pero sí lo estaba la policía estatal, y durante los últimos seis meses habían requisado las casas de tres médicos y de un abogado, en la seguridad de que los hijos estaban pasando drogas. En el allanamiento levantaron alfombras, rompieron el parquet y arrancaron tabiques, provocando daños cuantiosos que no serían resarcidos. La policía no encontró nada en ninguna de esas casas.

Por esos antecedentes, los padres de Arturo decidieron no recurrir a la policía, sino usar como mediador con los traficantes a un ex–delincuente convertido, que conocía 'el asunto de la droga'. Una vez que los traficantes recibieron el pago y se convencieron de que Arturo se estaba retirando totalmente de la droga, cesaron las amenazas.

No me interesa tanto debatir lo correcto y lo incorrecto en el proceder de los padres de Arturo, pero sí quisiera comentar que podría haber sido más adecuado que consultaran a un abogado. Era comprensible que desconfiaran de la policía local. Pregúntese qué haría usted si su único hijo estuviera en esas circunstancias.

Examinando al fiscal

Es preciso tener la misma precaución con los abogados. Algunos tienen una genuina consagración a la aplicación de la justicia con el fin de desalentar el crimen. Otros necesitan de la satisfacción y del dinero que produce ganar casos y parece no importarles a qué recurrir para lograrlo.

Un hombre joven hizo un acto exhibicionista ante Sandy, una niña de nueve años. Detuvo su auto, abrió la puerta y expuso sus genitales. Cuando ella se alejó, el hombre se marchó. Sandy se lo contó a su madre y esta llamó a la policía, quien a su vez tomó declaraciones a Sandy.

Cuando ocurrió este incidente, ya se había venido vigilando al exhibicionista. Se había mostrado ante adolescentes y otras mujeres de más edad, muchas de las cuales estaban dispuestas a testificar en la Corte.

Sandy era una niña sensible y nerviosa que no podía dormir tranquila después de este suceso. 'Me sentí nerviosa con el policía que me hizo tantas preguntas,' decía la niña. 'Yo no quería hablar sobre eso.' La madre le aseguró que no tendría que volver a hacerlo.

Pero la madre no había tenido en cuenta al fiscal, cuyo afán exagerado le hacía pretender que todo testigo posible se presentara en la Corte. No le importaba en absoluto el efecto que el ambiente de la Corte pudiera tener sobre Sandy. Con un informe del psicólogo (otra prueba que tuvo que pasar Sandy pero no tan tremenda como lo hubiera sido el juicio), la madre pudo evitar que tuviera que presentarse ante el juez.

No estoy diciendo que los abogados son todos malos. Los necesitamos. Cumplen una saludable función social. Lo que sí es cierto es que somos poco sabios si asumimos con ingenuidad que se preocupan sanamente por el interés de todos. Hay ocasiones en que debemos oponernos a sus pretensiones.

Una joven de diecisiete años que estaba volviéndose alcohólica confesó voluntariamente que había entrado a cuatro negocios de bebidas a robar whisky para su consumo personal. Siempre escondía la botella y lo consumía cuando podía salir de noche. Sus padres eran cristianos y cuando supieron acerca de su práctica con la bebida se sintieron muy perturbados, y no supieron cómo controlarla. Se sintieron todavía más perturbados cuando se enteraron de sus hurtos.

Vivían en una provincia canadiense donde los adolescentes son tratados en cortes juveniles hasta los dieciocho años. En estos juzgados los casos se tratan confidencialmente, y no se registran antecedentes criminales. Los padres acudieron de inmediato a buscar ayuda psiquiátrica para su hija, quien además estuvo dispuesta a tomar diariamente una dosis de disulfiram mientras viviera en el hogar paterno.

> No estaba en cuestión que los actos debieran ser sancionados, sino cuál era la manera más justa de hacerlo.

El fiscal argumentó que 'por la gravedad de la ofensa' el caso debía ser girado de la corte juvenil a la de adultos. A la joven le faltaban nueve meses para cumplir los dieciocho años. Sin embargo, estos habían sido sus primeros delitos, ella había confesado voluntariamente y había buscado ayuda para superar su problema. Más aun, tenía el mismo derecho de ser protegida que cualquier adolescente, muchos de los cuales tenían legajos más abultados y habían cometido delitos más graves. Las consecuencias que planteaba el paso a la Corte de mayores eran tremendas. La joven hubiera tenido antecedentes policiales que hubieran disminuido sus posibilidades de trabajo. La pregunta crítica era: ¿Merecían esa consecuencia los actos que había cometido? Los padres afortunadamente buscaron consejo legal. Se apeló el pedido del fiscal, y la Corte estuvo de acuerdo con el abogado defensor en que sería más justo y más apropiado al bien de todos los involucrados que la joven fuera tratada en la Corte juvenil. No estaba en cuestión que los actos debieran ser sancionados, sino cuál era la manera más justa de hacerlo.

Juzgando al juez

Los jueces también son muy diferentes. Algunos son más severos que otros. Algunos creen en la terapia mientras que otros se inclinan por el castigo. Algunos son justos y algunos (quizás pocos) son injustos.

Aunque quizás se esfuercen por ser coherentes, el ánimo de los jueces puede variar. Los auxiliares de la Corte quizás sacudan la cabeza al final de la jornada y se digan: 'Su excelencia está hoy de mal humor.' O bien: 'Nunca lo he visto dejar a alguien en libertad con tanta facilidad.' Esto muestra que no siempre es fácil definir en qué consiste una sentencia justa.

Muchos abogados averiguan qué juez preside la Corte determinado día, para elegir el momento más apropiado para presentar a sus clientes. Ocasionalmente se produce un menudo forcejeo entre el abogado de la defensa y el fiscal, cuando hay que determinar la fecha en que tendrá lugar el juicio y quién va a intervenir en él.

Los padres cristianos de jóvenes que deben presentarse ante la justicia no tendrán nada que ver con esos debates, pero quizás estén al tanto y se pongan más ansiosos. Les recomiendo que no se preocupen tanto por qué juez preside la Corte sino que lo pongan en oración y le pidan a Dios que gobierne la situación para que, cualquiera sea el juez, prevalezca la justicia, atemperada por la misericordia.

La consulta al abogado

¿Cuándo se debe consultar a un abogado? ¿Y a quién conviene elegir?

Probablemente la primera pregunta ya se ha ido contestando. Es necesario hacer contacto con un abogado antes de ir a la Corte, y algunos dirán que antes de cualquier interrogatorio con la policía u otros oficiales. Como usted debe haber observado en la televisión, la policía advierte a los detenidos que lo que digan puede implicarlos en el delito. Pero la ansiedad y la intimidación que un joven vive durante su primer arresto hacen que cualquier técnica de cautela se esfume (como por ejemplo la capacidad para permanecer en silencio hasta que se presente un abogado).

El costo que significa contratar a un abogado atemoriza a algunos padres. En muchos lugares hay abogados y estudiantes de abogacía que ofrecen su tiempo a entidades de ayuda legal. Es probable que un padre no obtenga ayuda de la misma calidad en una de estas entidades que de un abogado privado, porque en el primer caso buena parte del trabajo lo hacen personas de menos experiencia que actúan bajo la supervisión de otros. Estas entidades de ayuda legal son, en un sentido, parecidas a las salas de emergencia en los grandes hospitales donde los practicantes de distinto nivel son quienes hacen la mayor parte del trabajo, como parte de su entrenamiento. En ambos casos hay (o debiera haber) supervisión por parte de un profesional superior. Pero la ayuda brindada por una persona sin experiencia, presionada por el tiempo y la supervisión, no se compara con la ofrecida por una persona experimentada que puede consagrar tiempo y energía a cada caso.

Si usted es cristiano y tiene la posibilidad de elegir abogado, ¿cuáles son las cualidades que debe buscar? Es fácil decir 'busque un buen abogado', pero, ¿qué aspecto tiene un 'buen' abogado?

Supongo que nuestras respuestas diferirán un poco. La mayoría de los cristianos instintivamente busca un abogado cristiano, porque considera que un hermano en la fe les va a entender mejor. Y es cierto que este es un aspecto a ser tenido en cuenta. Por mi parte, me preocupa menos la fe del abogado que su integridad personal y su competencia profesional. También elegiría, en caso de tener la alternativa, el abogado de mayor experiencia. Mi elección recaería, entonces, en un abogado que valore mucho la honestidad y la integridad y que esté más interesado en servir a la justicia que en hacer carrera. Su eficiencia y experiencia en el campo en cuestión también me parece un factor importante. Uno no consulta a un abogado que se especializa en impuestos sobre un asunto de hurtos ni a un abogado que se ocupa de divorcios sobre adquisición de bienes raíces. Aquellos abogados que tienen hijos adolescentes probablemente tengan especial inclinación por ayudar a los casos de jóvenes.

No puedo decirle cómo empezar sus averiguaciones. La mayoría de las personas prefiere que sea un amigo quien les recomiende un abogado. En algunos lugares hay estudios de abogados con oficinas que dan a la calle. Podría ser una forma de empezar a averiguar. Quizás el abogado al que usted se dirija no esté dispuesto a atender su caso, sea porque está muy ocupado o porque prefiere que ese caso sea manejado por otro profesional. Generalmente contestarán sus preguntas respecto a otros abogados aconsejables.

El trío traicionero

Uno puede sentirse ansioso antes de la entrevista con un profesional experto. Si las salas de médicos y dentistas nos despiertan aprehensión, ni se comparan a las alarmas que resuenan en nuestro cerebro cuando nos enfrentamos por primera vez con la ley. Debiéramos advertir, sin embargo, que aquellas experiencias que amenazan destruirnos y humillarnos también pueden hacernos más maduros y equilibrados. Todo depende de la perspectiva que se toma de las cosas. Una cita en la Corte puede ser considerada como una catástrofe terrible o como el umbral hacia el crecimiento personal y hacia una fe más vital en Dios.

Todo dependerá de cómo manejemos tres emociones traicioneras: el miedo, la culpa y la vergüenza. Si estas tres emociones nos dominan, estamos perdidos. Pero si las vencemos, la experiencia se volcará en nuestro beneficio.

El miedo es nuestro primer enemigo. La victoria empieza cuando podemos mirarlo a los ojos. Tenemos que reconocer simplemente que tenemos miedo. No necesitamos preguntarnos de qué sentimos temor. El miedo alimenta la fantasía, y la fantasía es un habilidoso artista que pinta horrores imaginarios. Si pasamos el tiempo contemplando esas figuras, por la noche danzaremos en los brazos del terror.

Debemos volvernos de la fantasía hacia la realidad. En lugar de preguntarnos: '¿De qué tengo miedo?', debemos preguntarnos: '¿Qué hay que temer?' ¿Qué es lo que ha cambiado desde que el policía se presentó a la puerta de mi casa o desde que recibí una citación a la Corte? 'Jehová es mi luz y mi salvación; ¿de quién temeré? Jehová es la fortaleza de mi vida, ¿de quién he de atemorizarme?' (Salmos 27.1). ¿Ha cambiado mi relación con Dios a consecuencia de este choque de mi hijo con la ley? Una citación de la Corte, ¿es un abandono de Dios? ¿O tengo todavía a mi alrededor murallas inviolables? ¿Faltará a su Palabra aquel que dijo: 'Nunca te dejaré ni te abandonaré'?

Ni siquiera el hecho de que nuestros hijos podrían ser severamente sentenciados implica que Dios nos haya abandonado. Su presencia estará con nosotros y, si se lo permitimos, nos dará paz.

Las Escrituras tienen mucho que decir respecto al temor. '¡No temas!', es una de las expresiones más frecuentes en la Biblia. Quizás la lección más profunda acerca del temor la dio el propio Jesús. 'No temáis a los que matan el cuerpo pero el alma no pueden matar; temed más bien a aquel que puede destruir el alma y el cuerpo en el infierno' (Mateo 10.28). Es cierto que estaba refiriéndose a un problema levemente diferente que el de un padre con un hijo que ha delinquido. Pero el principio se mantiene. Tememos a las personas (a los oficiales de policía, a los jueces, a los magistrados), en la medida en que dejamos de sentir temor a Dios. Sea cual fuere el significado de la palabra 'temor' (respeto, reverencia o terror), Jesús nos enseña que tenemos la opción de cambiar su rumbo y de modificar el objeto al cual va dirigido. No siempre podremos sofocarlo, pero al menos podemos elegir si temeremos a los oficiales de la Corte o temeremos a Dios. Seamos entonces padres que temen a Dios, que utilizan las experiencias atemorizantes para aprender qué significa temer a Dios en lugar de sentir 'temor de los hombres'.

'¿Y si yo soy el culpable?', es la pregunta que nos asalta cuando intentamos aferrarnos a la seguridad interior. Es que, pegada a los talones del temor aparece la culpa. Asociamos a la policía y al juzgado con el hecho de poner el mal en evidencia. Nos despierta temores similares a los que nos asaltaban en la escuela primaria cuando nos imaginábamos marchando a la dirección o a la rectoría.

Ya he analizado en otro capítulo la culpa que nos produce el comportamiento indebido de nuestros hijos. Es obvio que somos padres imperfectos. También es cierto, como he venido insistiendo, que nuestros hijos tienen voluntad propia y pueden hacer decisiones autónomas, y que por lo tanto no podemos asumir toda la culpa por lo que han hecho. Pero la imagen de un uniforme policial o del estrado del juez vuelve a despertar sentimientos de culpa que creíamos haber dejado atrás.

Debemos actuar pronto y de manera firme con los sentimientos de culpa. Preséntelos en el más alto de los tribunales. Cualquier error como padre, del que usted sea culpable, ha tenido antes consecuencias más profundas que las que ahora enfrenta. Sus pecados han llevado a la muerte al Hijo de Dios. Su error ya recibió sentencia, y la pena ya fue pagada. Por lo tanto, usted debería presentarse ante los jueces humanos con la frente en alto, no envuelto en sus propias culpas, sino con la atención centrada en los temores, las culpas y la vergüenza de su hijo. Lo peor que puede sufrir un hijo que tiene problemas con la ley es tener a su lado un padre dominado por el sentimiento de culpa. Más que nunca los padres deben ser valientes ante el trono de gracia, y libres para ocuparse de los temores de sus propios hijos cuando éstos enfrentan el juzgado.

El tercer y peor enemigo es la vergüenza. La vergüenza nos sella los labios cuando necesitaríamos el apoyo en oración de otros hermanos en la fe, y hace que les demos la espalda, amargados, a aquellos hijos que han deshonrado nuestro apellido. Sentimos vergüenza porque pensamos que la gente nos va a despreciar por lo que ha ocurrido, y tratamos de encubrir lo más posible los hechos ante la gente conocida. Evitamos la conversación. Hasta podemos estar tentados a sobornar con tal de evitarnos el escándalo.

Lo absurdo es que quizás nuestra vergüenza nace en la fantasía de lo que imaginamos que la gente piensa, más que en nuestro conocimiento de lo que realmente piensan. Pero la base del asunto es más profunda que las cosas que fantaseamos. Hay quienes se inclinarían por admirar nuestro coraje en la adversidad, más que denigrarnos por ello. El problema con la vergüenza es similar al que enfrentamos con relación al temor. En la raíz hay una incorrecta actitud hacia Dios y hacia otros seres humanos. Estamos más preocupados por la opinión de la gente que por la de Dios. Somos como

Si la vergüenza el miedo y la culpa nos dominan, estamos perdidos.

los líderes religiosos criticados por Jesús, que 'amaban más la gloria de los hombres que la gloria de Dios' (Juan 12.43). Si sentimos vergüenza debiéramos tomar conciencia de la necesidad de corregir tal actitud, trasladando conscientemente nuestra preocupación hacia lo que Dios piensa, más que a lo que piensan los demás. Dios no siente vergüenza ni de nosotros ni de nuestros hijos, y nosotros tampoco deberíamos sentirla.

El temor, la culpa y la vergüenza son enemigos persistentes que nos visitan de noche o nos saludan al levantarnos por la mañana. Debemos rechazarlos de manera firme y reiterada. No tienen más poder que el que nosotros les conferimos, y si lo único que aprendiéramos en nuestras pruebas es cómo dominarlos, ya con eso saldríamos fortalecidos en la experiencia.

Espero que nunca llegue a tener problemas con la ley. Pero si ocurre, tenga confianza. El Dios de las Escrituras se nos revela simultáneamente como alguien que ama la justicia y hace misericordia. Él es defensor de los oprimidos y de los pobres. Sea que usted logre o no que se haga justicia con su hijo, los ojos de Dios están sobre usted y los suyos. Finalmente él resarcirá todas las injusticias.

Y en cuanto a la pesadilla que usted siente que está viviendo, si vuelve la mirada a Dios, la situación puede resultar una valiosa experiencia de aprendizaje en un valle oscuro. Y en algún momento saldrá del valle hacia zonas soleadas y fértiles de pastoreo, donde podrá vivenciar la bendición de Dios como nunca antes.

Más allá de los conflictos

Tercera parte

Aprendiendo
a renunciar

10

Nuestra época presta más atención a lo que *funciona* que a lo *correcto*. Lo correcto puede o no funcionar. Si fuéramos ratas de laboratorio o computadoras, lo correcto estaría determinado por lo que funciona, y entonces la moral estaría supeditada a lo funcional. Pero vivimos en un universo moral, un universo creado por un Dios justo y habitado por criaturas que a menudo han fallado respecto a lo que Dios 'había dispuesto', criaturas que en cambio han elegido hacer lo opuesto de lo que el Creador deseaba. Este Dios nos pide que seamos para nuestros hijos lo que él es para nosotros.

Por lo tanto, nuestra relación con ellos no debe orientarse por los resultados, sino por lo que es correcto. Así como los mayores anhelos de Dios respecto a sus criaturas no siempre se han visto respondidos, nuestros anhelos respecto a nuestros hijos pueden no siempre ser satisfechos. Es mejor que nos propongamos ser buenos padres, aunque no logremos producir hijos perfectos, en lugar de intentar ser técnicos sociales que, en caso de tener éxito, lograrían cambiar la relación padre–hijo en una relación técnico–objeto.

Debemos elegir lo correcto aunque no siempre satisfaga nuestra vanidad, nuestros deseos carnales o aun los anhelos de nuestros afectos menos egoístas. Si Dios tuvo que sufrir frente a una humanidad rebelde, nosotros también alguna vez tendremos que sentir angustia ante un hijo rebelde.

Al reflexionar respecto a mis actitudes como padre, no debo preguntarme: ¿funcionan?, sino: ¿reflejan la mente de Dios? ¿Se caracterizan por la fidelidad, la justicia, la paciencia, la disciplina, la misericordia, el amor y la gracia? A medida que nuestros niños crecen hacia la adultez, debemos permitirles que ellos mismos cosechen las consecuencias de su conducta obstinada, aun cuando quizás nuestro sufrimiento sea mayor que el de ellos. Dios creó a Adán, que fue padre de Caín. Los próximos capítulos constituyen, entonces, una revisión de nuestras actitudes paternas a la luz de la naturaleza de Dios. Recordemos que Jesucristo incluyó a Judas entre sus discípulos más cercanos.

Ruiseñores enjaulados

Hace mucho tiempo, en Covent Garden, Londres, se vendían en el mercado ruiseñores enjaulados. Atrapaban a las aves y las dejaban ciegas introduciéndoles una aguja caliente en los ojos. Como los ruiseñores cantan en la oscuridad, así lograban que el trinar fluyera casi sin cesar de las aves enjauladas y ciegas. Los hombres las habían esclavizado y enceguecido para gratificar su gusto por la música que producían. Más aun, la manera en que los habían enceguecido impedía que alguna vez recobraran la libertad.

Renunciar a nuestros hijos es dejarlos en libertad. Cuanto antes lo hagamos, mejor. Si (aun de manera inconsciente) los tratamos como objetos destinados a darnos placer, podríamos llegar a destruir su posibilidad de ser libres, de la misma forma en que los hombres de Covent Garden destruían para siempre la libertad de los ruiseñores. También podemos lisiarnos a nosotros mismos. Al hacer que nuestros hijos sean condición indispensable de nuestra propia felicidad, llegamos a depender tanto de ellos que nos tornamos incapaces de vivir sin ellos.

¿Pero, qué es renunciar? Por supuesto, no significa evadir nuestras responsabilidades como padres. Nuestros hijos necesitan comida, techo, vestido, amor, enseñanza, y es nuestra obligación brindárselos. Tampoco significa que no debamos enseñarles el respeto y la gratitud. Más aun, si tenemos la responsabilidad de su crianza, debemos ejercer la autoridad y hacer todo lo que sea necesario para cumplir con nuestra responsabilidad.

Para entender lo que significa renunciar debemos entender primero cómo es Dios y cuál es la esencia de su relación con nosotros. Hasta donde nos sea posible, nosotros debemos ser con nuestros hijos tal como él es con nosotros.

La actitud de Dios como Padre combina el cuidado amoroso y la enseñanza, además de rehusarse a imponer la obediencia. Él anhela bendecirnos, pero no exige que engullamos las bendiciones que nos da. Sin embargo, si persistimos en hacer el mal, permitirá que sintamos por nosotros mismos la amarga experiencia que produce el no haber elegido obedecerle.

Renunciar a su hijo no significa abandonarlo, sino entregarlo a Dios y, al hacerlo, quitar sus manos de encima. Significa ejercer la autoridad que necesita para cumplir sus responsabilidades hacia ellos, pero también significa aflojar esos controles que surgen de temores infundados o de ambiciones egoístas.

Orgullos y privilegios

Renunciar significa prohibirse el derecho de sentirse orgulloso. Observe que he dicho 'el derecho' de sentirse orgulloso. Es normal que deseemos tener hijos que nos hagan sentir orgullosos. A veces los sueños que tenemos respecto a ellos pueden llegar a ser sus propios sueños. Pero usted no tiene derecho a exigir que cumplan los anhelos que tuvo respecto a ellos.

'¿No soy yo quien los alimentó y los vistió?', dicen algunos padres. '¿No los traje yo al mundo? ¿Quién pagó su educación? ¿Quién se sacrificó lo indecible para que pudieran recibir entrenamiento en deportes, en música, en equitación? Y mire ahora lo que me hacen...'

Es cierto que quizás esos padres dieron a sus hijos aun más de lo que necesitaban, más aun de lo que se espera de una buena paternidad. ¿Pero por qué lo hicieron? ¿Estaban quizás pagando un alto precio para ver que sus sueños se satisfagan a través de sus hijos? Quizás inconscientemente deseaban ver en la vida de sus hijos algo que no pudieron concretar en su propia vida. Sin embargo esa vida que estaban modelando no les pertenece a ellos sino a sus hijos, más aun, a Dios. Si alguien tiene derecho a reclamar algo, sería Dios mismo. Pero ni siquiera Dios impondría sus derechos de esa forma.

Resulta doloroso sentarse en silencio mientras otros padres relatan los éxitos de sus hijos. No es fácil alcanzar éxito en algún campo y ver que los hijos de otras personas lo alcanzan, mientras nuestros propios hijos fracasan. Es más fácil reprocharlos: sentarnos frente a ellos cuando hacen la tarea escolar, mientras nuestra mirada ambiciosa se ocupa de garantizar el éxito académico que esperamos. Es fácil gritarles y exigirles durante los entrenamientos deportivos, o empujarlos para que entren en la aureola de lo religioso. Podemos ponerle a nuestra tutoría frenética el nombre de 'ayuda'. ¿Pero qué es lo que motiva esa ayuda? ¿Es nuestra necesidad de triunfar a través de nuestra progenie?

Usted puede argumentar que si sus hijos no reciben educación sufrirán privaciones, o que los deportes son buenos para el desarrollo de la autoestima y el carácter. Por supuesto, pero eso es otro asunto. ¿Qué esconde la ansiedad con que algunos padres estimulan ese desarrollo?

Es reconfortante recibir felicitaciones por lo que su hijo hace o por la forma en que se viste o el salario que recibe o la familia con que se vincula al casarse. 'Es una honra para usted.' 'Desearía que mi hija fuera como la suya.' 'Su hijo Tomás tiene muy buenos modales.' '¡Qué éxito el de Cintia conseguir un trabajo como ese! ¡Es todo un orgullo para ustedes tener una hija así! ¡Llegará lejos!' '¿No se sienten orgullosos al tener dos hijos misioneros y una hija casada con un pastor?'

¿Quién no quiere recibir semejante espaldarazo? Pero hay padres que no tienen admiradores. En cambio, sufren al ver que sus sueños se destruyen uno a uno. Les parece que todo el esfuerzo que hicieron para criar a sus hijos fue en vano. Al relacionarse con los padres de jóvenes con éxito, tragan amargamente su vergüenza.

Renuncie a su derecho de sentirse orgulloso. Sus hijos no le fueron dados para que usted pueda hacer alarde de ello. Ponga su orgullo en Dios, en su bondad tanto hacia ellos como hacia usted, en todo lo que le ha enseñado a través de ellos, y en el privilegio que le dio de velar por ellos. ¿Qué mayor privilegio puede haber que recibir el encargo de proteger una nueva vida dada por Dios?

¿Vacación o prisión?

Renunciar también significa renunciar al derecho de disfrutar ininterrumpidamente de sus hijos. Los hijos traen tanto alegría como sufrimiento. Hasta el hecho de mirarlos puede producirnos una repentina sensación de angustia. Contemplarlos crecer, observar las cosas nuevas que aprenden y las nuevas destrezas que adquieren, escuchar sus primeros secretos y confidencias, ayudarles a resolver sus primeros problemas, observar cómo disfrutan cuando se reúne la familia, ver que emergen de esas etapas que parecía que nunca iban a terminar, para empezar a compartir sus triunfos y alegrías, ver cómo se transforman en hombres y mujeres, estas y muchas otras cosas pueden ser fuente de inmenso gozo.

Pero podemos envenenar la alegría si no estamos preparados para renunciar a nuestro derecho sobre ella. Conozco a un cristiano adinerado que tiene una propiedad junto a un lago. Las residencias de verano de sus hijos e hijas rodean a la suya. Él las hizo construir para poder tener a sus hijos cerca. 'Compra nuestro afecto,' me dijo amargamente uno de sus yernos, que había hecho planes para irse a otro lugar con su esposa.

—No necesitas aceptar su generosidad —le señalé.

—Pero papá siempre se muestra herido cuando no hacemos lo que él quiere —intervino la esposa—. Nos hace sentir muy culpables. A veces llora y nos sentimos perversos e ingratos.

No justifico a la pareja, porque había vendido su independencia por una cabaña junto al lago. Pero también puedo ver que, por insistir en sus derechos sobre sus hijos ('nos quiere tener a todos a la vuelta todo el tiempo'), el padre les había cortado las alas. Esa actitud no había empezado cuando los hijos eran grandes y estaban por casarse. Años atrás él ya había dado por sentado que tenía el derecho de disfrutar indefinidamente de sus hijos. Lentamente empezó a exigir que se quedaran cerca, como si fueran juguetes o mascotas.

Yo disfruto de los gorriones en el jardín de mi casa. Observo a las nutrias y sus crías escabullirse por mi terreno hacia el río. Me encanta quedarme al pie de la explanada y observar a los tejones y a las ratas almizcleras nadando silenciosamente por el río de noche, o contemplar a los conejos y a las ardillas ocupándose en lo suyo.

Me daría pena que se fueran. Pero no tengo derecho de capturarlos para seguir disfrutándolos. De hecho cambiarian su conducta en cautiverio. Paradójicamente, solo en la medida que renuncio a mi derecho a disfrutarlos, entonces tengo mayor posibilidad de hacerlo.

Conozco a un padre que devuelve sin abrir las cartas de sus hijos si no le llegan en la primera correspondencia del lunes por la mañana. Conozco otros que regañan amargamente a sus hijos si no les escriben con la frecuencia que ellos desean.

¿No deben los padres enseñar a los hijos el deber filial? Por supuesto que sí. ¿No deben aprender los hijos a tomar en cuenta a sus padres, y aun a cuidarlos cuando son ancianos? Por cierto que sí. Pero no es de esto que estoy hablando. Enseñar lo correcto es una cosa. Pero esgrimir mis 'derechos' como padre es otra. Seremos los más miserables de los seres humanos si exigimos que nuestros hijos nos hagan felices o si dependemos de ellos para encontrar felicidad. ¿Qué es lo que me lleva a escribir cartas 'dolidas' o hacer llamadas llorosas por teléfono? ¿Es realmente para ayudarlos? ¿O es para descargar mi enojo? ¿Para herirlos? ¿Para hacer que me tengan pena por verme solo?

Si usted todavía tiene hijos pequeños, quizás piensa que estos párrafos no se aplican a su situación. Pero se equivoca. Las actitudes que nos parecen tan desagradables comenzaron cuando eran padres de niños pequeños. Se iniciaron con una actitud mental posesiva, aquella que considera a los hijos como mascotas. La pregunta es: ¿Me preocupo en primera instancia por su desarrollo moral o por mis propias necesidades?

Puedo tener el privilegio de gozarme en mis hijos, pero no será nunca mi derecho absoluto. Si lo he reclamado como tal, debo renunciar a él. Si renuncio, evitaré frustraciones y tensiones innecesarias. Pero no lo haré simplemente porque me hará sentir mejor, sino porque debo agradar al Padre mostrando una actitud más sana hacia mis hijos. Puedo sufrir si no vienen a casa para Navidad, si asisten a una iglesia diferente, si se equivocan al elegir pareja o si parecen olvidarse de mí. Dios comparte mi tristeza. Pero si he renunciado al derecho de disfrutar de mis hijos, mi dolor no tendrá tinte alguno de amargura.

Renunciar también significa, por supuesto, 'renunciar al derecho de poseer a mis hijos'. No los poseo, ni debo hacerlo. Conozco a una viuda que se aferró a su hija. Ambas eran cristianas. 'Tienes la obligación de quedarte conmigo —le decía la madre—. Debes obedecerme porque soy tu madre.' Decidía respecto a las tareas que haría su hija, la ropa que se pondría, la hora que debía salir y regresar a la casa, con quien hablar y con quien vincularse, hasta que a los treinta la hija se rebeló y dejó a su madre, aunque se fue llena de culpa por el 'pecado' que cometía al hacerlo.

Un ejemplo tan patológico del abuso paterno parece ser poco ilustrativo, si no fuera por el hecho de que el abuso que la madre ejercía provenía de una equivocada actitud hacia su hija cuando ésta era pequeña. Cuando hablé con ella resultó evidente que consideraba a su hija como una posesión, y siempre la había considerado de la misma forma. En realidad, su hija solo era alguien confiada a su cuidado. No era su esclava. No era una posesión. Puedo retener a mi hija en el hogar porque no está preparada para enfrentar el mundo sola, porque aun no ha adquirido la capacidad para cuidarse a sí misma adecuadamente y no está emocionalmente lista para manejarse sin el sostén emocional de la familia. Pero está creciendo rápidamente, y en cuanto esté en condiciones de irse y quiera hacerlo, debo dejarla ir. No es mi posesión. Me fue prestada para que yo la educara.

Cancelando todas las deudas

Renunciar significa estar dispuesto a renunciar a la expectativa de recibir retribución por lo que hayamos hecho por nuestros hijos. Cuidar de los ancianos y de los enfermos es algo hermoso. Es un rasgo que distingue a los seres humanos de los animales. Resulta penoso que en la moderna sociedad urbana el cuidado de los ancianos cae cada vez más sobre el estado y sobre profesionales pagados para ello. Debiera ser el compromiso de la familia, en cuyos hogares los abuelos y bisabuelos gastarán las energías que les quedaran, compartiendo las alegrías y responsabilidades de la casa. Las condiciones de la vida moderna hacen que ese ideal sea difícil o imposible, como también lo dificulta la enfermedad o el carácter de la persona de edad avanzada.

¿Podemos esperar que nuestros hijos se hagan cargo de nosotros cuando envejezcamos? El cuidado que les damos ahora ¿es una inversión que cobraremos en el futuro? ¿Estamos esperando que retribuyan nuestros cuidados, nuestras oraciones, nuestros dolores de cabeza, nuestros esfuerzos, nuestros gastos? ¿Debemos enseñar a nuestros hijos la obligación que tienen de cuidarnos cuando no podamos mantenernos por nosotros mismos?

Hay muchas opiniones al respecto: algunos juran que 'nunca serán una carga a sus hijos', otros esperan recibir algo en retribución de todo lo que han dado. Pero en muchos padres flota la sensación de que los hijos les deben algo, en realidad mucho.

'Quiero que mis hijos aprendan a querer y a cuidar a las personas de edad,' dicen algunos. Esta es una meta valiosa. La mejor manera en que los hijos pueden aprender esto es observando la actitud que usted tiene hacia sus propios padres o hacia los padres de su cónyuge. Si cuidar de sus padres es una alegría y un deleite, entonces será natural que sus hijos reaccionen de la misma manera. Si, por el contrario, sus parientes de edad son una prueba o una responsabilidad que lamenta asumir, usted puede tener la plena seguridad de que sus hijos conservarán en su mente el modelo que les ha dado.

Los hijos parecen tomar a los padres por sentado, pero eso es mejor que si desconfiaran o tuvieran miedo de ellos. Cuando sus hijos tengan hijos, su afecto hacia ellos será mayor que el que tienen por usted. Por mucho tiempo seguirán pensando más en lo que pueden esperar de usted que en lo que usted puede esperar de ellos. Permita que ahora les den a sus hijos todo lo que recibieron de ustedes, de la misma forma que ustedes les dieron a ellos todo lo que recibieron de sus propios padres. No se aferre al derecho de recibir muestras de gratitud, y entonces, cuando éstas lleguen, se sentirá aun más complacido. Si la exige, puede cultivar amargura. Renuncie al derecho de recibir tarjetas de cumpleaños, regalos, obsequios para Navidad, sorpresas para su aniversario. Entregue firmemente a Dios su reclamo de todas estas cosas. Sus hijos le deben mucho, por cierto. Procure por todos los medios enseñarles a expresar gratitud. Sin embargo, buscar su gratitud porque desea saborearla es envenenar la relación. Renuncie al derecho de recibir su gratitud.

Renunciar también significa renunciar a la tranquilidad permanente. Con toda seguridad, tener hijos traerá algunos problemas. Los problemas pueden ser grandes o pequeños. Se presentarán cuando menos los espere. Cuando los niños se enfermen o se quiebren una pierna, no tendrán en cuenta sus planes, su conveniencia, su agenda, su salud, sus dolores de cabeza, sus finanzas. Los problemas escolares o los problemas con la policía no van a esperar que se retire la importante visita que está en la casa.

Hay momentos en que puede y debe insistir en que sus propias necesidades y aun sus deseos sean prioritarios, respecto a las demandas de sus hijos. Pero si usted hace que la paz dependa de un control tal sobre los hechos que nada se salga de su lugar sino que permanezca como debe estar, entonces con toda seguridad usted o sus hijos tendrán problemas. Es probable que acumule tensión hasta explotar.

Renuncie a su derecho a la tranquilidad. Diga a sus hijos que bajen el volumen del equipo de música o que hagan menos ruido. No permita que se cuelguen del techo. Pero renuncie al derecho de ser inmune a lo imprevisible, a lo perturbador, a la crisis que cambia el curso completo de su vida. Los niños no son un arroyo que corre suavemente por el ordenado jardín de su vida. Renuncie a la tranquilidad doméstica. Sea agradecido por cada momento de tranquilidad, como un regalo que Dios le da para disfrutar.

> Sea agradecido por cada momento de tranquilidad, como un regalo que Dios le da para disfrutar.

Renunciar significa, además, renunciar al derecho de ser una persona respetable. Uso este término en sentido amplio, por supuesto. Para decirlo de otra manera: renuncie a su derecho a ser inmune al chisme.

Usted puede controlar, hasta cierto punto, sus propias acciones. Usted puede cuidarse de no meter las narices, de mantenerse fuera de los problemas. Pero no es tan fácil controlar las acciones de sus hijos. ¿Cómo mantener la frente alta cuando se hace evidente el embarazo de su hija? ¿Qué pensarán de usted? Si se hace esas preguntas, significa que su perspectiva está distorsionada, y eso afectará la relación con su hija.

¿Qué es el chisme? ¿Cuánto importa realmente? ¿Qué es la reputación? No significarán ni un ápice el día del juicio final. ¿Saludará usted a María Magdalena cuando se encuentre con ella? ¿O evitará mirarla? ¿Se sentaría junto a la mujer encontrada en adulterio si apareciera en su iglesia?

Hay un dejo de esnobismo en la mayoría de nosotros. Es reconfortante recibir aprobación general en nuestro círculo social. Pero nuestros hijos pueden echar a perder esa pretensión, o quizás debiera decir que a veces arruinan nuestras estúpidas aspiraciones y nos dejan desconcertados. Por eso es importante que renunciemos a nuestro derecho a la respetabilidad.

¡Renuncie al derecho de ser inmune a la calumnia! Dígale a Dios que si bien usted no quiere sufrir el escándalo, hay cosas más importantes en la vida que 'la alabanza de los hombres'.

Renunciar también significa permitir a sus hijos que enfrenten el dolor, la tragedia, y aun la muerte, y permitirles que acepten las consecuencias de sus propias acciones. Usted no puede proteger a sus hijos para siempre. En un sentido es importante que les permita enfrentar las consecuencias de sus acciones desde un comienzo, permitiéndoles que descubran más y más de la vida.

Los padres pudientes de hijos alcohólicos se equivocan mucho en este aspecto. Pagan las deudas de sus hijos, los retiran mediante soborno antes del juicio, contratan abogados caros, se arriesgan consiguiéndoles empleos. Algunos parecen no aprender nunca.

Esos padres nunca 'sueltan' a los hijos. El 'nene' tal vez tenga más de treinta años y quizás ya se haya casado y divorciado. Sin embargo los padres siguen haciéndose cargo de sus delitos, de las costas del juicio y de los cheques sin fondo. La única manera en que pueden ayudar a sus hijos es dejándolos ir. Al protegerlos les impiden aprender las lecciones más valiosas por el camino duro. Renunciar a sus hijos es permitirles que enfrenten la vida por sí mismos.

Puede ser difícil reconocer cuándo un hijo debe asumir la plena responsabilidad adulta. Pero el proceso comienza

198 | Más allá de los conflictos

a la temprana edad en que usted está dispuesto a dejar que aprenda que el fuego quema.

Renunciar significa confiar en Dios respecto a sus hijos en lugar de confiar en su propia habilidad para manejar sus vidas. Significa reconocer que un sabio consejo dado a un niño ya mayor, es solo eso: un sabio consejo. No se lo puede imponer. Puede ser rechazado, y muchas veces lo será.

En un taxi latinoamericano

Algo más. No se trata de que renuncie a sus hijos, sino a los conceptos engañosos que usted tiene respecto de su propio poder: al engaño de creer que usted tiene poder para determinar sus destinos.

El pequeño Esteban, de dos años de edad, acepta la fantasía de que mientras está sentado al volante del automóvil, realmente está manejando el auto. Para la madre y el hijo esta fantasía es un pequeño momento de juego. Esteban puede hacer ruidos de motor e imaginar que conduce hacia donde su madre quiere ir. Pero algunos de nosotros tenemos experiencias menos placenteras estando en un automóvil.

Cuando viajo en el asiento delantero de un taxi en alguna ciudad latinoamericana, con frecuencia observo que estoy pisando con fuerza. Mientras avanzamos a golpes y estridencias entre vehículos que parecen empujarnos hostilmente o que pasan velozmente a nuestro lado como si fueran naves espaciales, mis manos tantean un volante que no existe o empujan el tablero de instrumentos como si quisiera sacar del medio al camión hacia el que parecemos arrojarnos con violencia. Descubro que también los músculos de mi estómago se esfuerzan por manejar. Es obvio que una parte de mi persona sufre el engaño de creer que mis movimientos pueden evitar el peligro. Mi cuerpo trata de controlar lo que ocurre, aunque mi mente me está diciendo que debo relajarme. De alguna manera debo entregar el control a mi insano chofer.

Esta imagen refleja vívidamente nuestra situación como padres. Hacemos respecto a nuestros hijos el mismo tipo de movimientos inútiles que los que yo hago en el taxi.

En cierta ocasión alojé en mi casa a una paciente y a su esposo. Venían de muy lejos y no había lugar para que se quedaran en el hospital. Nancy era una persona simple y directa y resultaba una excelente paciente, mejorando en forma lenta pero constante. En cambio Jaime...

'¿No cree usted que debería disminuir un poco la dosis de medicamentos de Nancy? Me comentó que le viene una extraña picazón detrás de la oreja. Ya sabe usted que Nancy no es como el resto de sus pacientes. Quizás usted no se da cuenta cuánta sensibilidad tiene hacia los medicamentos...'

O bien: 'Creo que usted debería hacer que Nancy tocara más el piano... Está leyendo demasiado.' 'Doctor, creo que Nancy ha estado demasiado en el sol. ¿Podría decirle que no pase tanto tiempo caminando?'

Constantemente estaba organizándole la jornada. La mayoría de sus intervenciones eran irrelevantes, pero algunas eran perjudiciales. La tragedia era que se deshacía en angustia y tensión porque mantenía la fantasía de que él podía controlar la recuperación de su esposa. No es necesario decir que pasé más tiempo calmando a Jaime que atendiendo a Nancy.

Como padres hacemos exactamente lo que estaba haciendo Jaime. Tenemos un concepto sobredimensionado de nuestro poder para cambiar a nuestros hijos, para acelerar su desarrollo, para modificar sus hábitos, sus gustos y sus repulsiones, y por lo tanto gastamos una enorme cantidad de energía nerviosa.

Nos pasamos el tiempo elaborando y dirigiendo indirectas. Dejamos libros pertinentes descuidadamente por allí, libros llenos de los consejos que nuestros hijos necesitan. Programamos tener en la casa personas claves cuando se producen circunstancias críticas. Hacemos estrategias.

Renunciar es liberarnos de una serie de derechos y de engaños que no son precisamente derechos sino caros reclamos territoriales que cultivan nuestro descontento y nuestras fantasías.

Entregar nuestros hijos a Dios

Renunciar no es solo 'entregar', sino entregar a Dios. A veces me maravillo de la confianza de Ana cuando dejó a su pequeño Samuel a cargo del anciano Elí en Siloé (ver 1 Samuel 1–2.11). Ana había renunciado a mucho: a su derecho de posesión, de disfrute, de sentirse orgullosa ante su rival Penina, de controlar el crecimiento de Samuel, de ser retribuida por todas sus lágrimas. Ella no sabía que su hijo cambiaría el destino de Israel, que se destacaría en la historia del pueblo al dar origen a dos dinastías reales, y al establecer la orientación moral de la nación durante varias generaciones. Ese hombre había sido modelado desde niño por Dios mismo.

No sé nada acerca del destino grandioso o simple que Dios depara a sus niños, que tanto le preocupan. Sí sé que sentirá más paz si logra captar la importancia que tiene renunciar, y cuán seguro es dejar a sus hijos en las manos de Dios.

Desde Utopía
a Galilea

11

Vivimos en una sociedad que tiene expectativas cada vez más elevadas. Lo que antes eran sueños y lujos ahora se han transformado en necesidades. El creciente clamor de esas expectativas amenaza con exceder la capacidad de satisfacerlas.

Mientras que años atrás las causales de divorcio incluían la infidelidad, la crueldad, la incompatibilidad, durante los últimos quince años han aumentado dramáticamente los divorcios a los que se explica por una 'pobre comunicación'. La comunicación está de moda. Si un matrimonio carece de ella, entonces se separa. Como señala Richard Farsen,[1] el índice de divorcios ha seguido aumentando a pesar de que tenemos mayores conocimientos sobre cómo debe ser la comunicación en la pareja. El conocimiento que podría haber sido de ayuda a los matrimonios, al mismo tiempo provoca nuevas insatisfacciones y lleva finalmente a un número mayor de divorcios.

Necesidades que no logran cubrirse

Aquí nos damos con una paradoja. Descubrimientos útiles y beneficiosos pueden producir a la vez bien y mal.

Escuchamos hablar, por ejemplo, de los 'derechos del niño' o de la 'carta de derechos para los niños'. Estas son cosas buenas.

Pero siendo el mundo lo que es, y siendo los padres lo que son, debemos cuidarnos del optimismo ingenuo que supone que por definir un problema ya está resuelto. Lo que los padres 'deberían' darle a sus hijos, y lo que son 'capaces' de darles no son la misma cosa. Pese a toda su buena voluntad e información, habrá muchos padres que no serán capaces de proveer lo que consideramos deseable para el desarrollo infantil. El solo hecho de decirles lo que deberían hacer puede conducirlos a la desesperación. Y los padres desesperados son los peores padres.

Las villas marginales están atestadas de niños mal nutridos, escasamente abrigados, niños de cuyo estado no siempre se puede culpar a sus padres. Menciono el hecho porque, al menos en lo que se refiere a comida y vivienda, el estado podría proveer lo que los padres no alcanzan a brindar. Pero el estado no puede arropar a un niño cuando se va a dormir y no puede orar con él. El estado es totalmente inefectivo para proveer la calidez emocional, la disciplina constante y la sensación de ser aceptado y querido, cosas que todo niño debería tener. Estas deben ser necesariamente provistas por los padres.

Y como padres somos imperfectos. No solo porque fallamos en brindar esas cosas que sí podemos dar, sino porque además carecemos por completo de algunas capacidades para ser padres. Solo podemos dar lo que tenemos. No podemos dar lo que no tenemos. De modo que nuestros hijos sufrirán carencias, simplemente porque son hijos de padres imperfectos en un mundo caído.

Por otro lado, he comprobado que los padres más conscientes, los que leen cada libro que se publica y se esfuerzan al máximo en su tarea, son los que suelen paralizarse por causa de su sentimiento de fracaso como padres.

Una mujer profesional, cristiana, me dijo que había comprado cuanto libro aparecía sobre el tema de la buena crianza, fueran cristianos o no. Los había estudiado junto con su esposo. Habían orado sobre las decisiones tomadas a partir de esas lecturas. Pero allí estaba, llorando en mi consultorio y descri-

biendo sus fracasos como madre. Era obvio que estaba excesivamente ansiosa sobre el tema.

Tampoco debemos concluir que se deben evitar los libros
sobre la crianza de niños, de la misma manera en que tampoco
debemos eludir la comunicación efectiva en el matrimonio.
La lección que debemos sacar es que no solo debemos enfocar
nuestra atención en lo que los niños necesitan sino también
en lo que los padres pueden proveer. Debemos analizar qué
capacidades tenemos en vinculación con lo que nuestros hijos
necesitan.

Los niños disfrutan intensamente de los padres que juegan
con ellos: en el césped o en la alfombra cuando son pequeños,
o con juegos de mesa en las noches de invierno, o junto a un
río, pescando al amanecer, cuando son más grandes. Algunos
padres son extrovertidos, gregarios, y tienen natural afinidad
con los niños. Para tales padres, jugar
con sus hijos resulta gratificante y rela-
jante, y desean hacerlo. Otros padres no
tienen idea de cómo jugar con niños, ni
siquiera sus propios hijos. Y entre estos
dos extremos hay una gama de diferentes aptitudes de los padres para jugar
con sus hijos. Algunos padres tienen
inclinación por el deporte y disfrutan

> Nuestros hijos
> sufrirán carencias,
> simplemente
> porque son hijos de
> padres imperfectos
> en un mundo caído.

jugando con la pelota al aire libre. Otros carecen de coordi-
nación motriz, son cortos de vista o tienen sobrepeso. Algunos padres pueden nadar. Otros tienen terror al agua. Algunos
padres pueden desarmar bicicletas y poner parches a las cáma-
ras. Otros son inútiles para esas tareas. Algunos padres trabajan
todo el día. Otros lo hacen en turnos discontinuos y disponen
de más tiempo para sus hijos.

Para hacerles justicia, hay que reconocer que la mayoría de
los autores admiten esta dificultad. Sin embargo es imposible
leer sus libros sin hacerse una imagen fantástica y estereotipada
de lo que debe ser un padre ideal, un modelo que muy pocos
de nosotros podría alcanzar. Nosotros, como padres, sabemos

que nuestras habilidades, afinidades y horarios varían. Lo que es un deleite para un padre puede ser una pesadilla para otro y una imposibilidad para un tercero. No se trata solo de pereza o de falta de responsabilidad, aunque estos factores también tengan su parte.

También varían nuestras circunstancias. Algunos padres están excesivamente ocupados porque tienen apetencia de dinero o porque están muy comprometidos en la política, en actividades religiosas o sociales. Otros padres están simplemente exhaustos tratando de cubrir el presupuesto. Un alud de artículos dirigidos al primer tipo de padres, preguntándoles si el dinero o la fama pueden ser más importantes que los hijos, quizás nunca sean leídos por los que deberían leerlos. Pero usted puede estar seguro de que sí serán leídos por los padres del segundo grupo que ya están demasiado preocupados tratando de lograr que sus hijos estén alimentados, vestidos y atendidos en la escuela, en la mesa, en el baño y en la cama. Pero estos piadosos artículos les informan que si están demasiado ocupados y no pueden jugar con sus hijos, algo está fallando. ¿Y qué esperanza queda para los viudos, los divorciados, los padres solteros?

¿Qué necesitan los niños? ¿Y hasta qué punto pueden los padres satisfacer sus necesidades? Los niños necesitan aceptación. Necesitan ser alabados y apreciados. Necesitan aprender que pueden confiar en que sus padres no los van a engañar o romper sus promesas. Necesitan que sus padres sean coherentes y justos. Necesitan sentir que sus temores, sus deseos, sus sentimientos, sus impulsos inexplicables, sus frustraciones y sus habilidades son comprendidos por sus padres. Necesitan saber exactamente cuáles son sus límites, qué es lo permitido y qué es lo prohibido. Necesitan saber que el hogar es un lugar seguro, un refugio, un lugar donde no tienen porqué tener miedo. Necesitan una aprobación cálida cuando hacen lo correcto y disciplina cuando hacen algo incorrecto. Necesitan aprender un sentido de lo justo. Necesitan aprender que sus padres son más fuertes que ellos, capaces de enfrentar los peligros del mundo externo, y también capaces de enfrentar los caprichos y los reclamos impertinentes de sus hijos. Necesitan sentir que son queridos por sus padres y que están dispuestos a escucharlos. Necesitan respuestas sensibles a su creciente necesidad de independencia.

Podríamos seguir ampliando esta lista, pero usted podrá advertir de inmediato que para responder a todas estas necesidades debemos contar con las correspondientes capacidades.

Tomemos, por ejemplo, la necesidad de aceptación. Margarita se comporta con su primera bebé como si estuviera en éxtasis. Se ilumina cada vez que la mira. No sostiene simplemente al bebé: la rodea como una nube tibia al punto que el bebé flota entre los tiernos y estáticos brazos de su mamá. La madre y el bebé ronronean en armoniosa unidad. No son dos seres separados sino un todo coordinado.

Betty, en cambio, es rígida, insegura de sí misma. Betty no podrá proveer al bebé las mismas experiencias que Margarita provee al suyo. Betty puede tratar de imitar a Margarita como quien tratara de imitar a una modelo, pero el sostén inseguro y rígido que ofrece Betty no le darán seguridad a la criatura.

Betty quizás se sentirá angustiada con esas diferencias, sentirá que es un fracaso, que es inadecuada como madre. Pero nadie puede culparla. Probablemente le diríamos que no tiene porqué culparse, pero tendríamos a la vez la incómoda sensación de que su niño está recibiendo menos de lo que necesita. Aunque Betty fuera entrenada para adquirir técnicas más fluidas en el manejo de su bebé, sabemos que éste nunca recibirá tanto como el bebé de Margarita.

En un equivocado intento de ayudar a la criatura de Betty, podemos escribir libros que le enseñen a Betty cómo abrazar a su bebé para satisfacer plenamente sus necesidades. Hasta podemos tener éxito. El único problema es que para cuando diez mil madres parecidas a Betty hayan aprendido (después de invertir mucho esfuerzo y tensión nerviosa) cómo mecer a sus bebés (y algunas madres nunca lo logran), sus bebés ya habrán pasado la etapa en que lo necesitaban, y estarán en la etapa en que necesitan que uno los haga retozar y escuchar ruidos graciosos, técnicas que entonces les resultarán tan ridículas como antes les parecía el mecer a la criatura. Así, las madres como Betty (si es que podemos tratarlas como una categoría), estarán perpetuamente atrasadas en su aprendizaje, y sus hijos constituirán siempre un grupo de niños en desventaja.

Ser padre requiere práctica

Este caso es una pequeña muestra del dilema que se presenta entre muchos padres e hijos en distintos momentos de su desarrollo. Los niños necesitan sentir seguridad. Pero si los propios padres son inseguros, las necesidades del niño no serán adecuadamente satisfechas. Observe también que los niños necesitan un trato coherente y estable. Pero esto no se aprende de un día para otro. O se la posee o hay que alcanzarla con esfuerzo. Los niños necesitan saber dónde están sus límites. Pero muchos buenos padres solo llegan a fijar límites realistas cuando van por el tercer hijo. Esto le agrega dificultades al primer y segundo hijo, que pueden terminar odiando al tercero (y a sus padres), porque sienten que le dejan hacer lo que él quiere. Puede parecer que estoy caricaturizando la cosa, pero lo cierto es que en la vida familiar cotidiana los hechos son tragicómicos.

Los niños necesitan una aprobación cálida y mucho reconocimiento, aun cuando lo que estén haciendo no sea perfecto. Pero a veces ni siquiera es fácil expresar una simple aprobación. Supongamos que usted está sentado a la mesa de la cena, observando cuidadosamente cualquier detalle que valga la pena ensalzar en su hijo adolescente. Pero cuanto más se concentra, más dificultades aparecen. Ahí esta él, estirado cuán largo es y echado hacia atrás en la silla, los hombros contra el respaldo casi al mismo nivel de la mesa. Usted trata de controlar su creciente irritación y en ese momento el chico escupe unas semillas que van a parar directo al suelo. Aquí, sentado en la tranquilidad de mi escritorio y pensando en la situación que usted enfrenta, me parece fácil darle un consejo. Usted tiene varias opciones. Una es controlar su enojo y decirle en voz amigable y firme: 'Siéntate correctamente. Así podrás controlar mejor el destino de las semillas.' Entonces, mientras el muchacho se sienta (si es que se sienta), usted sigue adelante con una cálida aprobación: '¡Así es! ¡Eso está mucho mejor!', o cualquier otra expresión que exprese aprobación y respaldo. Pero usted no está sentado conmigo en el estudio, sino a su propia mesa. Su ira aumenta a medida que ve caer las semillas. Antes de darse cuenta ya está diciendo lo que no quisiera haber dicho.

El diálogo que he descripto es el que yo preferiría. Hay otras opciones, que tienen ventajas y desventajas. Pero para ser honesto, me llevó bastante tiempo antes de lograr que mi opción favorita se transformara en una rutina, y todavía caigo en la trampa de vez en cuando. Recuerdo años atrás estar sentado a la mesa, temeroso de no encontrar nada que pudiera alabar en los modales de mis hijos. Sentía el dolor de una culpa implacable, convencido de que algo estaba mal en mí. Pero por más que me esforzara no podía hacer otra cosa que lanzar críticas, forzando mi voz a expresarse con tensa gentileza.

Poco a poco aprendí a dar sugerencias positivas, y a dar instrucciones en lugar de críticas negativas. Gradualmente no solo se hizo posible la alabanza sino que se tornó espontánea.

Poco a poco aprendí a dar sugerencias positivas, y a dar instrucciones en lugar de críticas negativas.

Comenzaba dando una aprobación (aunque no tuviera ganas de hacerlo), porque sabía que cuando alguien merece una alabanza hay que ofrecerla. Con los años me resultó cada vez más fácil, aunque siempre tenía que repetir mi aprendizaje, con cada nuevo esquema de comportamiento que adquirían mis hijos. Y todavía es posible que hoy tenga algún arranque de irritación.

Observe que dije 'con los años'. Poco a poco fui aprendiendo un aspecto de lo que significa ser padre. Podía imaginar la estrategia que quería mantener, pero aprender a practicarla llevaba tiempo. Era como aprender a tocar un instrumento: lo que empezó con terribles frustraciones terminó siendo una verdadera alegría. Por supuesto, mis hijos fueron los conejillos con los que tuve que hacer el aprendizaje.

No hay cursos que se dicten para aprender a ser padres. La mayoría de los padres aprenden (si es que aprenden) a través de errores y fracasos humillantes y a expensas de los supuestos beneficiarios. Y el aprendizaje que se hace respecto de uno de los hijos no es necesariamente aplicable al siguiente.

Algunos padres hacen bien su tarea. Otros tienen la ventaja de tener hijos dóciles. Pero algunos padres son menos dotados, y además tienen hijos que resultarían terribles aun educados por las personas más diestras del mundo. Así es la vida.

Ventajas y desventajas

¿Cuál es la actitud que debemos adoptar, considerando que debemos seguir lo correcto y no simplemente lo que funciona? ¿Y qué hacer con la distancia que hay entre las necesidades de los hijos y las capacidades de los padres? Permítame sugerir algunos principios.

1. Concéntrese en sus aciertos. Haga un inventario: haga una lista de sus lados fuertes y débiles, pero enfoque en primer lugar sus aciertos. Controle el inventario con su pareja o con cualquier amigo en el que tenga confianza. Ellos pueden advertir algunas destrezas y aciertos que quizás usted mismo no percibe.

Yo me sentía disminuido como padre en el terreno de los deportes, porque siendo inglés no había aprendido los juegos y deportes canadienses. Pero concentrándome en lo que sí podía hacer, más que en lo que no podía, y buscando áreas en las que mis destrezas y las habilidades recreativas de mis hijos coincidieran, pasamos juntos muchas horas felices. Curiosamente, uno de nuestros principales deleites era leer juntos, práctica que continuamos hasta que ya habían entrado plenamente en la adolescencia. Descubrieron que escuchar la lectura de un libro apreciado era mucho más gratificante que mirar televisión. No estoy diciendo esto para que usted se ponga a leer con sus hijos, sino para enfatizar que debe concentrarse en lo que tiene, en lugar de luchar con lo que no tiene.

No se deje influenciar por el perfil estereotipado de buen padre que ofrecen las revistas. Tome su lista y agradezca a Dios por lo que usted tiene. Quizás algunas de sus habilidades no parezcan aportar nada a las necesidades de sus hijos. No importa. Agradezca a Dios por todo lo que le ha dado. Alábelo por ser la fuente de sus capacidades, todas las cuales vienen de él.

Dígale que no quiere ser como el siervo que enterró los talentos, sino que quiere hacer pleno uso de ellos. Pídale que le muestre cómo hacerlo. No lo haga una sola vez sino reiteradamente, porque puede llevarle tiempo advertir de qué manera sus dones pueden beneficiar a su familia y a usted mismo.

Recuerde que lo que parece una predisposición negativa desde un punto de vista, puede ser una ventaja desde otro. Ser estricto con los detalles puede transformarlo en un regañón si usa mal esa tendencia, pero si la usa bien puede hacer de usted un excelente planificador. Pídale a Dios que le muestre las ventajas que se esconden tras sus debilidades y que le revele cómo pueden ser ejercidas.

2. Presente sus debilidades y sus faltas ante Dios. No se mortifique. No llore porque se siente humillado por ellas o porque afectan a sus hijos, sino porque son una ofensa a Dios. Lea el Salmo 51 en voz alta ante Dios. Dígale que no tiene poder para rectificar su debilidad pero que volverá arrepentido cada vez que dé lugar al pecado.

3. Nunca simule ante sus hijos ser mejor de lo que es. Déjeles ver que usted lucha junto con ellos, que tuvo gloriosas victorias pero también ha tenido derrotas vergonzosas. No pretenda tener victoria si no la tiene.

'¿Cómo puedo deshonrar a Cristo delante de mis hijos?', se preguntará usted. Si ha deshonrado a Cristo, es algo que ya ha ocurrido. Pero no aumente su pecado mintiendo a sus hijos que no lo ha deshonrado en absoluto. La gloria de Cristo no se protege con mentiras.

No estoy diciendo que deba desnudar su alma ante sus hijos, o mostrarles los horrorosos abismos en los que pueda haber caído. Pero si su conducta en el hogar ha sido errada, admítalo. Y como dije más arriba, también sea franco respecto a la gracia de Dios. Sus hijos no deben ver en usted un parangón de virtudes sino un pecador redimido, que sigue aprendiendo y que no se deja descorazonar por sus caídas. Permita que sus hijos tengan alguien a quien seguir, no alguien a quien idolatrar.

4. No se dedique a rumiar sobre sus fracasos. Es cierto que sus pecados y sus debilidades han dañado a sus hijos, de la misma manera que las debilidades de sus padres lo han perjudicado a usted (y lo mismo será de sus hijos con sus hijos, generación tras generación). Todavía no vivimos en la Nueva Creación. Aunque la maldición del pecado haya sido ya vencida, todavía tiene poder para dañarnos.

Pero rumiar sobre el daño que ha producido a sus hijos no beneficiará a nadie, y menos a sus hijos. Es bueno reconocer las propias faltas. Es mejor confesarlas, pero sin morbosidad ni autocompasión sino con una honestidad franca ante Dios y ante sus hijos.

Luego trace una línea. No conviva con sus pecados. No se deje paralizar por el remordimiento. Los niños son increíblemente adaptables. El daño puede ser menor que el que usted imagina. En cualquier caso, Dios se interesa por ellos y por su futuro mucho más que usted mismo, y es plenamente capaz de obrar en sus vidas. Los chicos la pasarán mejor sin su remordimiento, que no refleja otra cosa que una autoestima lesionada.

Rumiar sobre las culpas también deshonra a Dios. Al hacerlo no estamos llorando ante su presencia sino dejándolo fuera de nuestro dolor y aun a veces culpándolo de la situación. Es una ofensa a Dios.

La maldición todavía pesa sobre las relaciones familiares. Pero el poder redentor de Jesucristo opera allí donde sus fracasos han dañado y continúan dañando a sus hijos. No entiendo plenamente cómo ocurre esto. Pero sí sé que no hay percepciones tan profundas ni liberaciones tan triunfantes como aquellas donde la gracia toca las heridas y las llagas que sufrimos por la herencia del pecado. En cada debilidad con la que han nacido sus hijos y en cada herida psicológica que su propio pecado les haya producido, se esconde una semilla de gracia milagrosa. Riegue esas semillas con oración, y un día podrá extasiarse en adoración al ver que de las propias heridas producidas por el pecado nacen actitudes gloriosas y fuertes.

El principio de los panes y los peces

A lo largo de este capítulo hemos analizado la distancia que hay entre las necesidades de sus hijos y lo que usted tiene para darles a ellos. Yo sostengo que existe ese abismo y nada puede persuadirme de lo contrario. Si no fuera así, el mundo sería una Utopía. Pero no hay tal reino de Utopía en lo que a la crianza de los hijos se refiere. Es a las márgenes del mar de Galilea donde debemos dirigir nuestra mirada para una lección de obediencia.

Cuando Jesús contempló la multitud hambrienta de cinco mil personas, y dijo a sus discípulos que les dieran de comer, volvieron perplejos con cinco panecillos y dos peces, comentado acertadamente: '¿Qué es esto para tantos?' La multitud era enorme y estaba hambrienta. Jesús quería que la necesidad fuera satisfecha. Lo mismo ocurre con sus hijos. Tienen una gran necesidad. Y la capacidad que usted tiene para responderles es insuficiente.

No se quede lamentando lo que no tiene, sino traiga lo que tiene ante Jesús. Su tarea es multiplicar los panes y los peces. Y la suya es la de reconocer que si bien su ofrenda es escasa, quiere entregársela a él. Traiga lo que tiene y ofrézcalo a sus hijos. Quizás le parezca que no va a ninguna parte, pero de allí en adelante la responsabilidad es de Cristo. Usted puede llegar a sorprenderse de cuánto puede hacer Cristo con su pequeña ofrenda para satisfacer el hambre de sus hijos.

Y si aun siguen habiendo necesidades y carencias, ¿qué importa? Usted hizo lo que podía y ha cumplido con su responsabilidad. El resto queda en las manos de Jesús. ¿Quién sabe? Quizás cuando ya sea anciano y esté recapitulando sus aciertos, se sorprenda de encontrar doce canastas de panes y peces entre los tesoros de su familia.

El padre modelo

12

El principio de los panes y los peces es un buen comienzo, una manera apropiada de enfrentar el enorme abismo entre lo que somos como padres y lo que debiéramos ser.

Un padre a la imagen de Dios

Esto nos lleva a una regla básica de la crianza de los hijos: Yo debo ser con mis hijos como Dios es conmigo. De la manera en que él me trata a mí, debo yo tratar a mis hijos. La bondad que me ha mostrado, la paciencia y la tolerancia, su intransigencia con el pecado: lo mismo debo yo a mi vez mostrar a aquellos ante quienes represento a Dios. En la mente de mis hijos se va desarrollando un concepto de Dios a partir de mi persona y de la de mi cónyuge, dos seres poderosos que les dieron la vida y que gobiernan el cosmos del hogar. Cada vez que mis hijos ven una buena actitud o acción en mí o en su madre, el Espíritu Santo les dirá: 'Ahora pueden entender un poco mejor cómo es su Padre que está en los cielos.'

Este modelo no responde solo al bien de nuestros hijos. De la misma manera en que se nos llama a ser santos porque Dios es santo, también somos llamados a ser padres porque él es Padre. Y esa es razón suficiente. Hemos sido creados en su imagen y es a esa imagen a la que debemos ser fieles.

El apóstol Pablo escribió hace muchos siglos: 'Por esta causa doblo mis rodillas ante el Padre de nuestro Señor Jesucristo, de quien toma nombre toda familia en los cielos y en la tierra' (Efesios 3.14–15). Estaba diciendo que la familia es una institución sagrada que nace de la esencia de Dios y de su naturaleza. Francis Foulkes escribe: 'La paternidad nace en Dios... Como dice Severiano, la palabra padre no surgió con nosotros, sino que nos vino de arriba.'[1]

Él es nuestro Padre. De él nacen nuestros instintos paternales. El nombre más usado por Jesús respecto a Dios es el de Padre, si bien este concepto de Dios como Padre no nace en el Nuevo Testamento. Dios es Padre de huérfanos, dice en Salmos 68.5. 'Como el padre se compadece de los hijos, se compadece Jehová de los que lo temen, porque él conoce nuestra condición; se acuerda de que somos polvo,' cantaba el salmista David (Salmos 103.13–14). Más aun, la paternidad no es solo atributo de la primera persona de la Trinidad sino del Trino Dios. 'Padre eterno' es el nombre que se da al Mesías prometido (Isaías 9.6).

¿Qué descripción más conmovedora podríamos tener de Dios como Padre que la escena narrada por Jesús, del hombre que aguardaba el regreso de su hijo pródigo? He aquí un padre que permite que su hijo deje el hogar, consciente de lo que iba a sucederle. Es un padre que sube a la azotea de su casa, y esfuerza la vista hacia los polvorientos caminos del horizonte.

¿Cuántos meses o cuántos años sigue esperando? ¿Cuántas veces se pone en marcha cuando ve una figura distante que se aproxima, y luego deja caer los hombros vencido por la frustración? Pero llega un día en que el pulso se le acelera y las piernas le tiemblan y con un grito baja tropezando las escaleras, corre hacia la puerta como un loco llamando a sus sirvientes para que lo sigan. Sus pies van devorando los metros que lo separan de su hijo y se arroja en sus brazos con una exclamación de alegría.

Así, explica Jesús a su atento auditorio, es como Dios se relaciona con los pecadores que se arrepienten, como un padre hacia un hijo al que ama profundamente.

Este éxtasis, este rapto de alegría, estas órdenes de proveerle del mejor vestido y de un anillo, y la algarabía de la fiesta, nos ayudan a entender no solo que Dios es nuestro Padre sino también qué clase de padre es.

> La expresión 'padre mío' es más una cuestión de privilegio que de intimidad.

'¿Qué padre de vosotros, si su hijo le pide pan, le dará una piedra? ¿O si le pide pescado, en lugar de pescado le dará una serpiente? ¿O si le pide un huevo, le dará un escorpión? Pues si vosotros, siendo malos, sabéis dar buenas dádivas a vuestros hijos, ¿cuánto más vuestro Padre celestial dará el Espíritu Santo a los que se lo pidan?' (Lucas. 11.11–13).

Este principio de la paternidad llega aun más lejos. 'Abba, Padre,' exclamó el Hijo del hombre en un momento de perplejidad (Marcos 14.36). Esta expresión es el equivalente de nuestro 'papito' o 'papá', aunque quizás también podría significar 'padre mío'. Jesús se dirige al maravilloso Dios de la creación de la misma forma que un niño lo haría en confianza hacia su padre. El niño no está faltando el respeto. 'Papá' es precisamente lo que el padre le ha enseñado al niño a llamarle. 'Papá' es el nombre que solo él o ella han de usar. Los amigos o vecinos deben dirigirse a él de otra forma.

Como coherederos con Cristo, somos instruidos por el Espíritu Santo a llamarle 'Abba' a Dios (Romanos 8.15). Si tan solo estamos dispuestos a presentarnos como niños delante de él, podemos tener ese privilegio. La expresión 'padre mío' es más una cuestión de privilegio que de intimidad, el privilegio de reclamar la protección amorosa que un niño pequeño reclama del ser que le dio la existencia.

Dios no es simplemente 'semejante' a un padre. Si pudiéramos reunir todas las ideas humanas respecto a la paternidad, todavía tendríamos una pálida imagen de lo que es la paternidad de Dios. Nosotros nunca llegaremos a ser como él.

Cuando hablamos de paternidad estamos hablando tanto del padre como de la madre. ¿De dónde podrían venir las cualidades maternales si no vinieran de Dios mismo? La mujer también es, en igual medida que el varón, creada a imagen de Dios (Génesis 1.27).

Cualquiera sea la razón para referirnos a Dios en masculino y para aludir a su relación paternal con nosotros como padre, y no como madre, que por cierto no sugiere que él carezca de cualidades maternales o que éstas sean menos importantes.

'Cómo el águila que excita su nidada, revoloteando sobre sus pollos, así extendió sus alas, lo tomó, y lo llevó sobre sus plumas. Jehová solo lo guió, y con él no hubo dios extraño' (Deuteronomio 32.11–12). El cuidado de Dios por Israel era como el de un águila madre por sus pichones.

'¡Jerusalén, Jerusalén, que matas a los profetas y apedreas a los que te son enviados! ¡Cuántas veces quise juntar a tus hijos, como la gallina a sus polluelos debajo de sus alas, pero no quisiste!' (Lucas 13.34). Jesús se sentía hacia los pobladores de Jerusalén como una gallina se siente hacia sus polluelos en peligro.

La figura es aun más explícita en Isaías. 'Porque así dice Jehová:… mamaréis, en los brazos seréis traidos, y sobre las rodillas seréis mimados. Como aquel a quien consuela su madre, así os consolaré yo a vosotros, y en Jerusalén recibiréis consuelo', le dice Jehová a Jerusalén (Isaías 66.12–13). '¿Se olvidará la mujer de lo que dio a luz, para dejar de compadecerse del hijo de su vientre? ¡Aunque ella lo olvide, yo nunca me olvidaré de ti!' (Isaías 49.15).

Algunas diferencias entre progenitores masculinos y femeninos se deben a la cultura y a las costumbres, mientras que otras son innatas, congénitas. Pero sean innatas o culturales, todas ellas tienen su fuente originaria en Dios. Dios no es padre en el sentido de no ser madre. Dios es la fuente de todo lo que sea verdaderamente maternal y verdaderamente paternal, y todos, padres y madres, estamos llamados a ser como él.

Dios de pactos

Dios es Dios de pactos. Los pactos eran convenios establecidos entre dos partes. Pero los pactos que Dios establecía con su
pueblo no eran negociables. Su pueblo no intervino en la elabo-
ración del pacto. En lugar de ello, Dios decidió el contenido de
los pactos y luego se los entregó, jurando fidelidad a su pueblo
y al pacto establecido con ellos. Era un acuerdo que definía los
privilegios y las bendiciones que tendría el pueblo de Dios y la
relación que tenían con él. El pueblo debía elegir entre creer por
fe y recibir las bendiciones del pacto, o rebelarse por increduli-
dad y rechazar el pacto.

Aunque nosotros no establecemos pactos de manera consciente con nuestros hijos, nuestra relación con ellos es similar a
la de Dios con su pueblo. Como él, nosotros tomamos la iniciativa respecto al estilo de la relación, definiendo en qué consis-
tirá. Nuestros hijos pueden mostrar su desagrado y rebelarse,
o desear que las condiciones del pacto fueran diferentes. Pero
para bien o para mal, somos nosotros quienes establecemos el
carácter de la relación con los hijos que Dios nos ha dado. No
nos cuestionamos el hecho de que debemos alimentar, vestir
y proteger a nuestros hijos mientras los preparamos para la
tarea de vivir como seres independientes en el mundo. Quizás
nunca tomemos conciencia del pacto, pero está allí y nosotros
nos consagramos a cumplirlo.

Los pactos de Dios eran condicionales. 'Si oyeres atentamente la voz de Jehová tu Dios, para guardar y poner por obra
todos sus mandamientos que yo te prescribo hoy,' le dijo Moisés a Israel, 'también Jehová, tu Dios, te exaltará sobre todas
las naciones de la tierra. Y vendrán sobre ti y te alcanzarán
todas estas bendiciones, si escuchas la voz de Jehová, tu Dios'
(Deuteronomio 28.1–2). Dios no toleraría el pecado. Él entiende
la fragilidad de la naturaleza caída y modera sus juicios con
la paciencia y la misericordia. Pero en su plan de proveer un
camino de salvación a la humanidad, no daría concesiones a

la rebeldía, la desobediencia y el pecado. La relación del pacto debía mantenerse según él lo había dispuesto. Él es santo y la relación con él debe ser santa. El propósito final de Dios era rescatarnos del pecado y reconciliarnos con él.

En una visión, el profeta Amós vio una plomada que simbolizaba las pautas absolutas que Dios requería de su pueblo (Amós 7.7). La santidad debía ser absoluta. Y si Dios tiene tales exigencias respecto de nosotros, ¿no deberíamos tenerlas nosotros respecto a nuestros hijos? Sabemos que este es un nivel que ellos no pueden alcanzar. Más aun, ¿cómo nos atreveríamos a exigir santidad de parte de nuestros hijos si nosotros mismos somos débiles y rebeldes? Pero allí está el nivel señalado, y se nos pide que lo alcancemos y también que lo exijamos a nuestros hijos.

> El propósito final de Dios era rescatarnos del pecado y reconciliarnos con él.

Sin embargo, el Dios del pacto es también un Dios de misericordia. 'No ha hecho con nosotros conforme a nuestras maldades ni nos ha pagado conforme a nuestros pecados' (Salmos 103.10). Conociendo nuestra debilidad y compadeciéndose de ella, nos amó con amor eterno y encontró un camino para resolver el dilema: el derramamiento de sangre borraría el pecado.

Misericordia no es lo mismo que debilidad. Dios no pasa por alto nuestro pecado. En su misericordia, él mismo paga la culpa, y nos redime, dándonos a Cristo en propiciación por el pecado. No importa cuán alto fuera el precio, debía ser pagado.

¿Cómo podemos reflejar la actitud de Dios hacia el pecado ante nuestros hijos? En primer lugar, debemos enseñarles qué es el pecado. Por nuestras acciones, por nuestras palabras, por las exigencias que establecemos, debemos enseñarles la diferencia entre el bien y el mal, entre la verdad y la mentira, entre el pecado y la santidad. Ellos pueden rechazar nuestra enseñanza, pero eso es asunto suyo. Nuestra responsabilidad es dársela.

Y debemos hacer algo más. Debemos mostrar que el pecado se castiga. Debemos enseñarles esto disciplinándolos y castigándolos. Aunque a veces podamos mostrar misericordia, de alguna forma el costo del pecado debe ser pagado. Quizás en alguna ocasión perdonemos la rotura intencional de un objeto, provocada en un arranque de furia. Pero debemos mostrarles que aun cuando los perdonemos, alguien tendrá que sufrir o pagar el daño.

No hace falta decir que debemos enseñarles mediante nuestro propio ejemplo, pero ¿cómo será posible si nuestro ejemplo es tan pobre? Dios no pretende que impresionemos a nuestros hijos con nuestro éxito espiritual pero sí que demostremos que tomamos en serio sus exigencias. Deberíamos reconocer con franqueza nuestras fallas y confesar nuestros pecados cuando hemos cometido faltas hacia nuestros hijos. Pero debemos seguir esforzándonos, y, sobre todo, debemos apuntar al sacrificio de Cristo tanto respecto a nuestros propios pecados como a los de nuestros hijos.

Es en este punto en el que muchos de nosotros hemos procedido muy superficialmente. Hemos considerado la corrección solamente como un medio para alcanzar un fin, que es el desarrollo de una personalidad deseable. Nuestra meta debe ser mucho más profunda. Como padres debemos enseñarles a nuestros hijos la pecaminosidad del pecado y el enorme precio de la misericordia. No importa que nos critiquen por nuestra actitud 'puritana' anticuada. Nosotros representamos a Dios ante nuestros hijos. Debemos ser fieles a nuestra responsabilidad de representar adecuadamente al Padre de padres y a su actitud hacia el pecado.

Dios de compasión

Dios no es solo misericordioso, es también compasivo y comprensivo. 'Como el padre se compadece de los hijos, se compadece Jehová de los que lo temen, porque él conoce nuestra condición; se acuerda de que somos polvo' (Salmos 103.13–14). Él comprende. Él recuerda. Es consciente de nuestras emociones y de nuestras debilidades. Conociéndolas, se sumerge en nuestra experiencia y la comparte. Y al hacerlo está actuando como padre.

Sobre nuestras espaldas llevamos una carga similar. Porque somos comprendidos, debemos comprender. Porque otro tiene compasión de nosotros, debemos mostrar compasión. La medida de compasión que recibimos debe ser la medida de compasión que damos.

Tener compasión no es lo mismo que ser blando. Algunos de nosotros cedemos ante los deseos de nuestros hijos porque somos perezosos: no queremos tomarnos el trabajo de evaluar la pertinencia de lo que nos piden. O no queremos enfrentar su resentimiento cuando hemos negado una petición o les hemos aplicado un castigo. Somos blandos; nos rendimos. Y al hacerlo, ocasionalmente nos engañamos a nosotros mismos creyendo que mostramos compasión cuando en realidad somos simplemente flojos.

La compasión se combina bien con la firmeza. La firmeza dice: '¡Así será!' y la compasión agrega: 'Sí, pero también debo comprender los sentimientos de mis hijos. No debo mostrarles frialdad ni indiferencia. Debo combinar el juicio con la misericordia, la firmeza con el afecto.'

A veces nos resultará costoso. Precisamente en esas ocasiones en que nuestros hijos más compasión necesitan, estamos tan dolidos que solo podemos atender a nuestra propia pena. '¿Cuántas veces más?' nos preguntamos desesperados, con la sensación de que nuestra reserva de compasión ya está exhausta, que no podemos extraer agua si el aljibe está seco.

Pero tenemos un Padre cuya compasión nunca falla sino que se renueva cada mañana. Hacia él debemos volver y beber compasión hasta que nuestra sed sea calmada, permitiendo que su fuente inagotable nos sacie y nos limpie. Debemos pensar acerca de la compasión que él tiene hacia nosotros, agradecerla y alabarlo por ella. Su compasión es real: fluye sobre nosotros aun cuando menos la percibimos. Y al agradecerle, nuestra propia fuente vuelve a llenarse.

La compasión no es un sentimiento sino una actitud de la voluntad, una actitud que podemos elegir adoptar, aunque nos sintamos reticentes a hacerlo. Y debemos hacerlo, por amor a nuestro Padre celestial y por amor a nuestros hijos.

Usted podría contradecirme argumentando que el significado de la palabra 'compasión' es 'sentir con' sus hijos. Posiblemente. Pero me niego a hacer un juego de palabras. Es posible adoptar voluntariamente esta actitud hacia mis hijos. Mis sentimientos pueden no ser en absoluto compasivos. Pero puedo desafiar mis sentimientos. Tengo una voluntad, una voluntad que puede dominar mi mezquindad y mi dolor, y forzarme a mirar a mis hijos, a recordar cómo era ser un niño, a considerar lo difícil que debe ser para ellos controlar sus sentimientos y sus acciones, a recordar cuántas veces yo mismo he sido tentado, y lo difícil que es resistir la tentación.

El acto de la voluntad puede ser seguido por sentimientos de compasión y probablemente no lo sea. Pero si he de esperar que ocurran naturalmente antes de mostrar yo mismo compasión, los sentimientos podrían no aparecer nunca y mis hijos serán víctimas de mis estados de ánimo. Nuestro Padre no es un padre caprichoso, y debemos aprender a ser como él. Si deliberadamente adoptamos una actitud de compasión, entonces nuestras acciones y palabras revelarán compasión.

El pródigo liberado

El padre del hijo pródigo dejó que este se marchara. Y el Dios Padre de todos nosotros hará lo mismo. Podría forzar nuestra voluntad, pero se niega a hacerlo. Él no cierra la puerta cuando decidimos marcharnos, ni nos inunda con argumentos. Tampoco nos persigue con el 'Yo te lo dije'. Nos otorga toda la dignidad de la elección.

Al actuar así, Dios muestra a la vez sabiduría y justicia. Hay ocasiones en que nuestra voluntad está empecinada en seguir un curso desastroso, y las consecuencias se ocuparán de darnos una lección. Nada mejor que empacharse con algo para descubrir que uno ha actuado de manera absurda.

Nosotros, en cambio, tenemos un amor egoísta. No sabemos dejar de insistir. El hábito de corregir a un hijo encaprichado ya se ha hecho parte de nuestra persona. A medida que se acerca el momento de que viva su propia vida, tanto más duros nos volvemos en la corrección. Nos asusta lo que ya sabemos que le espera. Y a causa de nuestro miedo nos volvemos cada vez más ansiosos en el intento de ahuyentar la tragedia y lograr que aprenda la lección no aprendida y que le repetimos por milésima vez.

No es el amor el que nos hace tan persistentes, sino el temor. Ha llegado el momento de dejar que se marchen, y nos falta tanto el amor hacia nuestro hijo como la fe en Dios para ceder en esta batalla de voluntades. El acceso a la adultez requiere un continuo ejercicio de la capacidad de elegir. En la adolescencia los hijos vacilan entre la tendencia innata a adquirir independencia y el hábito infantil de aferrarse a nosotros. Cuanto más se acercan a la adultez, tanto más grande se vuelve su impulso a la autonomía. Y ésta implica aprender a confiar en su propio criterio de decisión. No se pueden hacer verdaderas opciones sin enfrentar peligros reales.

Una y otra vez he escuchado a padres más sabios y sufridos que me dicen: 'Tuve que reconocer que era su vida, y frenar mis palabras. Simplemente me mantuve a su disposición.'

No se sienta usted culpable si sus hijos cosechan lo que ellos mismos han sembrado, porque esta es la manera en la que Dios obra con todos nosotros. No es que él disfrute viéndonos seguir nuestro obstinado camino hasta que terminamos en el fango, pero ante la opción de darnos la plena dignidad humana con todos los riesgos inherentes, o la de esclavizarnos como bestias a una servidumbre involuntaria, prefiere lo primero. No podía hacernos poco menos que ángeles sin enfrentar la posibilidad de que eligiéramos ser poco menos que demonios. El amor expresa: 'Te daré la encumbrada dignidad de elegir libremente, aunque elijas arrojarme en la cara tan preciado don.'

Es evidente que concederles libertad a nuestros hijos es una cuestión de grados, que va aumentando con los años. Quizás nuestra mano se vea forzada por circunstancias que se nos imponen. Pero si adoptamos una actitud de dejar ir, podemos evitar frustraciones innecesarias. Más aun, les estaremos dando a nuestros hijos la misma dignidad que Dios nos da a nosotros.

No todo está perdido cuando nuestros hijos toman decisiones absurdas. Nos dolerá ver que la pasan mal, pero queda la esperanza de que cuando eso ocurra aprenderán por la experiencia lo que quizás nunca aprenderían por la enseñanza verbal.

La justicia finalmente llega

Nuestro Padre en los cielos es justo. Su reacción a nuestro pecado nunca es exagerada y nunca refleja soberbia. Siempre busca tomar en cuenta la situación en la cual pecamos. No se lleva de rumores angelicales ni de chismes demoníacos. 'Dijo luego Jehová: Bien he visto la aflicción de mi pueblo que está en Egipto, y he oído su clamor a causa de sus opresores, pues he conocido sus angustias' (Éxodo 3.7). Dios mira, oye y se entera por sí mismo. Siempre ha sido justo con usted en las ocasiones en que ha permitido que tenga aflicciones. Ha tomado en cuenta todos los factores involucrados. Y le pide que usted actúe de esa manera con sus hijos. Antes de aplicar una disciplina o castigo serio a sus hijos, él le pide que averigüe cuidadosamente hasta donde sea posible (porque él sabe que usted no es omnisciente como él).

La preocupación de Dios por la justicia es tal que no evita situaciones dolorosas y nos pide que tampoco las evitemos con nuestros hijos. A veces puede ser prudente que pasemos por alto algo que han hecho, pero nunca debiéramos hacerlo porque nosotros mismos no logramos alcanzar las pautas fijadas por Dios o porque nos falte coraje para enfrentar el resentimiento de nuestros hijos. Dios nos pide que seamos fieles a sus pautas de justicia.

Cuanto más reflexionamos en Dios como nuestro Padre, más advertimos las responsabilidades que nosotros tenemos frente a nuestros hijos. La regla es esta: se nos pide que seamos con nuestros hijos tal como él es con nosotros. Y cuando usted falle, como ocurrirá a menudo, Dios se mostrará paciente y perdonador porque lo que más le interesa es enseñarle acerca de él mismo a través de todo este proceso de ser padres.

Si usted solo sigue las pautas humanas, está en camino a la soberbia o a la desesperación. Quizás se torne injustificadamente orgulloso de sus hijos, si resultan respetables 'a pesar de sus fallas como padre'. Por otro lado, si sus hijos se desvían a pesar de su dedicación, usted sentirá toda la culpa y no encontrará salida.

Propóngase adoptar las pautas de Dios y déjele a él los resultados. Entregue a Dios sus panes y sus peces diciéndole que eso es todo cuanto tiene. Ahora tome en cuenta qué es lo que él le pide que haga con ellos. Su responsabilidad no es satisfacer el hambre de cinco mil estómagos. Su responsabilidad es obedecer instrucciones. Junto al Mar de Galilea, significaba seguir partiendo y pasando el pan hasta que se terminara. Como padre, significa que usted seguirá esforzándose por ser para sus hijos todo lo que Dios es para usted. Él se ocupará de los milagros.

En diálogo
con la divinidad

13

No siempre es fácil orar por nuestros hijos.

Sabemos que Dios nos oye. Sabemos que se interesa por nosotros. Sabemos que responde. Pero a menudo no sentimos deseos de orar. ¿Por qué? ¿Es que Dios nos parece distante? ¿O que nuestras oraciones nos parecen superficiales e irreales?

La raíz de la resistencia

A veces confundimos fe con 'sensación de fe', pero no son lo mismo. Cuando nos faltan las sensaciones (de que Dios está cerca, o de que orar es un placer y un alivio) tendemos a desanimarnos. Nos parece que las oraciones rebotan en las paredes, mofándose de nosotros.

Dios no nos pide que tengamos sensaciones de fe ni debiéramos esforzarnos por producirlas. La fe no es tanto una emoción sino una actitud de la voluntad. Por la fe, desafío mi estado interior y digo: 'No puedo sentirte realmente, Señor, pero sé que estás presente y que me vas a escuchar.' Orar de esa manera es empezar a ejercitar la fe. No debo explorar en mi interior buscando sensaciones apropiadas, sino al Dios invisible e imperceptible, y dirigir mis palabras a él con un decidido acto de fe.

Nuestra resistencia a la oración a veces proviene de una sensación de culpa, una sensación de que nuestras oraciones (a diferencia de las de otros cristianos) no serán oídas porque nosotros no lo merecemos. Esas emociones nos están engañando. Debemos confesar los pecados de los que somos conscientes, y dejar que el Espíritu Santo nos convenza respecto a otros pecados. Pero si nuestras oraciones se ven obstaculizadas por una sensación de falta de limpieza o de valor, nos estamos engañando a nosotros mismos.

Usted y yo somos ahora valiosos a los ojos de Dios. Hemos sido adoptados como hijos. Una vez que hemos reconocido nuestro pecado y hemos buscado a Cristo como Redentor, estamos completos en Dios. Es cierto que nuestra lucha contra el pecado a menudo nos acarrea derrotas. A pesar de ello, y siempre que no estemos intentando encubrir o simular que somos mejores de lo que realmente somos, nuestro Salvador se ocupará de nuestras imperfecciones morales. Debemos dejar a un lado la falsa culpa y recordar que 'Si siendo enemigos, fuimos reconciliados con Dios por la muerte de su Hijo, mucho más, estando reconciliados, seremos salvos por su vida' (Romanos 5.10).

Algunos cristianos sienten que solo la alabanza, la adoración y las expresiones de confianza son aceptables a Dios. Sin embargo el dolor, la pena, el sufrimiento son parte de la vida y por lo tanto deben ser parte de la comunicación entre usted y Dios.

Ana sentía 'amargura de alma ... y lloró desconsoladamente' (1 Samuel 1.10). 'Mira, Jehová, que estoy atribulado, que mis entrañas hierven; mi corazón se trastorna dentro de mí ... me han oído gemir, mas no hay quien me consuele ...,' clamó Jeremías (Lamentaciones 1.20–21). El propio Jesús nos da un ejemplo en este sentido. 'Mi alma está muy triste, hasta la muerte; quedaos aquí, y velad ... se postró en tierra, y oró ...' (Marcos 14.33–35).

¿Nunca lloró en la presencia de Dios? No es bueno que rechace la tierna preocupación del Altísimo, del Dios que escucha y observa el dolor de su pueblo. Usted no debe esconder su sufrimiento, por una equivocada noción de lo que significa ser espiritual o victorioso. ¿Es usted más espiritual que el Jesús, el Hijo del hombre? Si él necesitaba desahogar su agonía delante del Padre, ¿cree usted que sería debilidad de nuestra parte hacer lo mismo?

Quizás usted no entiende porqué Dios no respondió de la manera en que usted esperaba que lo hiciera. Se siente destrozado por la confusión y tiene que enfrentarse a la amargura y al resentimiento que siente hacia Dios. El Señor de todo cuanto existe, el Creador de la vida y del tiempo, presta atención a nuestras frustraciones y resentimientos. No es en absoluto una falta de reverencia confesarle cuán confundidos nos sentimos al ver que no actúa como esperábamos que lo hiciera. Más aun, a menos que lo hagamos, nunca conoceremos su respuesta a nuestras quejas.

No está mal que vayamos a Dios con un porqué desesperado.

Después de perder a sus hijos, escarnecido por su mujer, debilitado por el dolor y la enfermedad, hostigado por la burda crítica de sus amigos, Job se sintió movido a expresar: 'Haz conmigo tan solo dos cosas, y entonces no me esconderé de tu rostro: Aparta de mí tu mano, y que no me espante tu terror. Llámame luego y yo responderé; o yo hablaré y tú me responderás' (Job 13.20–22).

Abraham fue otro que desafió las decisiones de Dios, no por presunción sino por angustia, y preocupado por el propio honor de Dios. '¿Destruirás también al justo con el impío? Quizá haya cincuenta justos dentro de la ciudad: ¿destruirás y no perdonarás a aquel lugar por amor a los cincuenta justos que estén dentro de él? Lejos de ti el hacerlo así, que hagas morir al justo con el impío y que el justo sea tratado como el impío; ¡Nunca tal hagas! El Juez de toda la tierra, ¿no ha de hacer lo que es justo?' (Génesis 18.23–25).

Podríamos considerar más ejemplos de personas que protestaron y cuestionaron en la presencia de Dios, pero basta un ejemplo más. Suspendido de la cruz, en medio del horror de la oscuridad y el abandono, Jesús exclamó: 'Dios mío, Dios mío, ¿por qué me has abandonado?'

No está mal que vayamos a Dios con un porqué desesperado. Es mejor, mucho mejor, que se lo presentemos a Dios mismo y no que hagamos de ese porqué una barrera que nos separe de él. No hay mejor oportunidad para acercarnos a Dios que cuando nos sentimos perplejos y doloridos. Si no recurrimos a él podríamos volvernos amargados, inútiles despojos de un naufragio. Pero si le traemos nuestras heridas y nuestra confusión, ocurren una serie de cosas. Nuestra fe se ahonda: nuestra mente y nuestro espíritu se ensanchan. Seremos más libres. Nuestro conocimiento y nuestra valoración de Dios serán más profundos.

Los últimos años han sido muy dolorosos para mi esposa y yo. Es imposible, por supuesto, asignar grados al dolor, y siempre es fácil mirar alrededor y encontrar gente que sufre más que uno. Nuestro tiempo de sufrimiento nos pareció intenso. Pero no renegamos de haberlo vivido. Hemos aprendido lecciones invalorables. Las heridas reiteradas han sido un terrible entrenamiento para desarrollar ciertas actitudes y perspectivas, y hemos llegado a valorar ciertas cosas respecto a la persona de Dios el Padre que nunca hubiéramos apreciado si no hubiera sido por las dolorosas experiencias vividas.

Oración sostenida

¿Cómo debemos orar por nuestros hijos? ¿Qué cosas debiéramos pedir? ¿Cómo podemos tener la seguridad de que nuestras oraciones serán contestadas?

Orar es colaborar con Dios. Es compartir su preocupación por nuestros hijos y buscar que su voluntad se cumpla en sus vidas. Obviamente no podemos colaborar con él si no sabemos cuál es su voluntad. Antes de que podamos interceder de manera efectiva, debemos venir ante Dios con algunas preguntas. 'Señor, ¿qué estás tratando de hacer en la vida de mis hijos?'

'Os he llamado amigos, porque todas las cosas que oí de mi Padre os las he dado a conocer', dijo Jesús (Juan 15.15). Somos sus amigos. Somos aquellos a quienes en mayor o menor medida hace conocer su voluntad. Muchos cristianos mantienen durante toda su vida una relación infantil con Dios. Como niños, piden lo que desean. Pero debemos llegar a ser adultos en la familia, y comprender que muchas peticiones que hicimos siendo niños son ahora inadecuadas. Como adultos, debemos desarrollar una creciente preocupación por los proyectos del Padre respecto a su universo, y respecto a nuestra propia familia. Él ya tiene planes y proyectos para nuestros hijos. Nuestro papel es colaborar con él. ¿Cómo podemos saber cuáles son sus planes?

Podemos conocer el plan general de Dios para nuestros hijos a través de las Escrituras. 'La voluntad de Dios es vuestra santificación' (1 Tesalonicenses 4.3). Él quiere que nuestros hijos sean santos. Quiere que lleguen a ser como su Hijo. Es tan grande este deseo, que está actuando ahora mismo en ellos por medio del Espíritu Santo, y nos llama a trabajar con él. Él no está contemplando con indiferencia mientras nosotros luchamos con la crianza de nuestros hijos. Nos demos cuenta o no, Dios está activo, y nos invita a ayudarle.

Si bien Dios no fuerza a nuestros hijos a entrar en su reino, el Espíritu Santo revela la persona de Cristo de tal forma que la realidad del pecado, de la justicia, del juicio, se vuelve tremendamente clara. Nuestros hijos necesitan ver estos asuntos con absoluta claridad. No hay mejor deseo ni oración que solicitar esa necesidad, y la realidad del amor de Cristo, dominen de tal modo su conciencia, que estén en la mejor condición de hacer una buena decisión.

Esta es, entonces, la voluntad de Dios respecto a nuestros hijos. Su Hijo vino al mundo, y ahora su Espíritu trabaja para producir luz en ellos. Podemos orar con toda confianza por esto.

Sin embargo, Dios tiene metas más específicas para nuestros hijos. Está interesado por su educación, su trabajo futuro, su salud, su pareja, por solo mencionar algunas cosas. Aunque nos resulta difícil concebir que pueda ocuparse de tantos detalles, sin embargo lo hace. ¿Hay alguna manera de conocer los puntos específicos de la voluntad de Dios?

La oración no consiste en una repetición mecánica de nombres. Algunas de las grandes oraciones que aparecen en la Biblia se gestaron durante un tiempo. Nehemías, por ejemplo, nos dice: 'Me senté y lloré, hice duelo por algunos días, ayuné y oré delante del Dios de los cielos' (Nehemías 1.4). Sin embargo la oración que se registra puede leerse en voz alta en un par de minutos. ¿Es que Nehemías repitió la misma oración una y otra vez durante varios días? ¿Cómo explicamos la diferencia entre el tiempo que él menciona haber orado y la extensión que tiene su plegaria?

No cabe duda que el tiempo que Nehemías pasó en oración y ayuno lo pasó en la presencia de Dios. La oración que se registra es el resultado final de muchos días en lucha con el problema delante de Dios. Fueron días de lágrimas, de perplejidad, días en que el Espíritu de Dios ponía su dedo sobre la vida del propio Nehemías. Fueron días durante los cuales la confusión de Nehemías se transformó en temor, en tanto Dios le presentaba ideas en las que Nehemías prefería no pensar. Luego vino la lucidez, cuando Nehemías aceptó la voluntad de Dios para él. Y finalmente la única súplica específica que hizo fue que Dios lo protegiera de la ira del rey.

Al igual que Nehemías, debemos ir a Dios con nuestros problemas y esperar en su presencia. Debemos expresarle nuestras preocupaciones y contarle de nuestra perplejidad. Debemos decirle, también, que sabemos que él nos oye, y que no entendemos lo que está sucediendo.

Dios nunca se burla de las personas que se acercan a él de esta forma. Él es paciente y amable, y se toma su tiempo. A veces aclara un asunto de manera inmediata, otras veces el proceso es lento. Dios tiene otras metas en mente, además del bienestar de nuestros hijos. Él quiere enseñarnos acerca de sí mismo. Los problemas que atravesamos sirven de base para esta lección, una lección que producirá cambios en nosotros, que hará más profunda nuestra percepción de su persona y hará más claras las metas que debemos buscar con relación a nuestros hijos.

Comprender la voluntad de Dios es más que un acto intelectual. Mi corazón necesita estar preparado, mi perspectiva debe cambiar, deben adecuarse mis valores y debe aclararse mi conocimiento sobre los caminos de Dios. Ser orientado por Dios es diferente de cualquier otra forma de orientación. Dios me invita a acceder a una comprensión más profunda de su persona,

> Debemos ir a Dios con nuestros problemas y esperar en su presencia.

y al mismo tiempo me desafía a obedecerle. De esta forma busca ubicarme como un verdadero socio de sus propósitos.

Todo esto lleva tiempo, y no se puede hacer de manera apurada. En medio del pánico queremos respuestas inmediatas, pero las respuestas instantáneas casi siempre carecen de valor. Solo a medida que crezco y cambio estaré en condiciones de captar la naturaleza de la voluntad de Dios para mis hijos. Y saldré de su presencia con mucho más de lo que jamás había imaginado pedir.

Dios desea que usted entre en diálogo con él. No puedo decirle de qué manera se comunicará él con usted, pero sí sé que quiere hacerlo y que puede superar cualquier barrera para revelarle sus pensamientos. Tómese tiempo. No se apure. Exponga sus problemas ante el Señor. Tenga una Biblia a mano mientras ora, pero no con la expectativa de recibir orientación a la manera de un horóscopo. La necesita para recordar pautas divinas que usted quizás ha estado olvidando o rechazando. Anote de qué manera la enseñanza bíblica se aplica a su circunstancia particular. Mientras lo haga, notará que se aquieta el tumulto en su corazón. Algo de la serenidad de Dios le traerá paz. Lentamente comenzará a cambiar su perspectiva, dando lugar a un nuevo enfoque, a un nuevo criterio. Comenzará a advertir que algunas cosas que le parecían importantes no lo son tanto, mientras que otras que no había tomado en cuenta resultan ser vitales.

Comenzará a percibir nuevos objetivos y metas a largo plazo para sus hijos. Póngalos delante de Dios. Es fácil confundir nuestros propios anhelos con la voluntad de Dios. Sin embargo, Dios desea enormemente que usted conozca sus pensamientos y él le ayudará a no apartarse demasiado de ellos.

Orar y esperar

Quiero sugerirle que mantenga un diario de oración. Muchos años atrás empecé a anotar mis peticiones y los detalles sobre la manera en que Dios me orientaba en la oración. También anotaba la fecha, dejando espacio para anotar luego lo que ocurría. Ahora me resulta impresionante leer ese diario, no solo por lo dramático y preciso de algunas respuestas, sino también por lo equivocados que fueron algunos de mis pedidos. Aunque todavía no soy suficientemente sabio, soy bastante más sabio ahora respecto a los caminos de Dios.

En su libro *Adventures in Prayer* (Aventuras en la oración), Chaterine Marshall menciona que anotaba los pedidos específicos que hacía por cada uno de sus hijos en trozos de papel de la forma de un huevo, y luego los dejaba entre las páginas de su Biblia. No había magia alguna en el método. Simplemente, la forma del papel le recordaba que las oraciones, como los huevos, no incuban en el momento mismo en que se los coloca. Si una gallina que está empollando se preocupara por el aspecto de sus huevos, invariables día tras día, se sentiría muy desgraciada. Las oraciones deben madurar antes de producir resultados, y nuestra impaciencia no ayuda en absoluto.

Tendemos a reiterarnos, pidiendo una y otra vez la misma cosa. Es como si uno quisiera asegurarse de que no quedará al final de la lista de los pedidos de otras personas, o como si temiera que algún funcionario celestial pasara el caso a archivo. Quizás usted se sienta desanimado porque se olvidó de orar durante la última semana; siente como si perdiera terreno en la batalla por lograr que la súplica sea atendida.

Dios no oye nuestra oración por las muchas palabras que pronunciemos (Mateo 6.7–8). Él no es un ejecutivo atareado con demasiados asuntos para tener en cuenta. Entonces, ¿qué debemos hacer mientras esperamos que las peticiones sean respondidas?

Si no tenemos duda alguna de que las peticiones serán atendidas, entonces debemos alabar a Dios por lo que él hará. Alabamos a Dios porque merece ser alabado, y no como una manera de presionarlo o de garantizar que satisfaga nuestros deseos. Si con el tiempo aparecen dudas, debemos volver a presentar el tema a Dios, confesando nuestra inseguridad y pidiéndole más sabiduría sobre el asunto.

De algo no debemos dudar jamás: Dios nos dará sabiduría cuando se la pidamos. Él se acercará y nos seguirá instruyendo mientras esperamos en él. 'Si alguno de vosotros tiene falta de sabiduría, pídala a Dios, el cual da a todos abundantemente y sin reproche, y le será dada' (Santiago 1.5).

La 'oración de fe'

En algunos escritos evangélicos se ensalzan las virtudes de lo que se denomina la 'oración de fe'. Se dice que tal oración siempre será contestada.

La expresión se toma del apóstol Santiago: 'Y la oración de fe salvará al enfermo, y el Señor lo levantará; y si ha cometido pecados, le serán perdonados' (Santiago 5.15). En el contexto, la frase se refiere simplemente a una oración que se hace con fe en las circunstancias especiales a las que se refiere el apóstol. No se refiere a un grado más elevado de fe aplicable a una variedad de situaciones. Es coherente con lo que las Escrituras enseñan en otros lugares, en el sentido de que la oración realizada con fe es contestada.

No conozco ningún pasaje en las Escrituras que describa una oración pronunciada con una fe de veinticuatro quilates.

Sin embargo, hubo ocasiones en mi vida en que tuve la percepción inequívoca de que mi oración había sido oída y sería contestada. He compartido mi experiencia con otros que han disfrutado experiencias similares.

Pero fue porque yo graduara mi fe hasta una intensidad determinada. También he comprobado que esa sensación ha sido más bien una excepción a lo largo de mi experiencia de intercesión. La mayoría de las veces tengo que luchar con la duda. Si lo que yo he experimentado es lo que otros llaman oración de fe, lo único que puedo decir es que la profunda convicción que la acompañaba no era en absoluto algo que yo hubiera producido. Era como si Dios me hubiera otorgado una convicción, como si me sorprendiera anunciándome muy claramente lo que iba a hacer. No hubo ningún esfuerzo especial de fe por mi parte. Lo único que yo podía hacer era decir: '¡Alabado sea Dios! ¡Así sea! ¡Amén!'

Lo más importante es ejercitar una fe cotidiana a medida que aprendamos a confiar en Dios. La fe no es la moneda con la que compramos las bendiciones de Dios. Él espera darnos bendiciones por su gracia soberana, y lo único que normalmente nos pide es 'fe como un grano de mostaza'.

No retroceder

Cuando aparecen crisis en la vida de una persona por la que estamos orando, esta circunstancia pone a prueba nuestra fe. La crisis puede desafiar todo lo que creo sobre Dios. Me siento tentado a pensar que todas las oraciones que pronuncié no fueron más que un autoengaño.

Cuando su fe se vea fuertemente sacudida es importante que pase tiempo a solas con Dios antes de sucumbir en la desesperación. Y cuando se presente ante Dios, lo primero que usted debe recordar es que él no se burla de sus hijos. Él sigue allí. Su fidelidad no ha disminuido en absoluto.

A pesar de saber por los profetas que su ciudad sería restaurada, Nehemías sintió el doloroso impacto de las noticias que llegaban de la tragedia en Jerusalén. Sin embargo, cuando se presentó ante Dios con su fe vacilante, esa misma crisis que lo había conmovido fue el instrumento de bendición que Dios usó en su vida. Nehemías llegó a ser el líder de la restauración de Jerusalén, y desarrolló a lo largo de esta experiencia una relación íntima con Dios que aún hoy nos emociona leer.

Conozco a un padre que por mucho tiempo había depositado su fe en Dios respecto a su hijo de dieciséis años, un hijo que le había causado mucho sufrimiento. Una noche, después que su hijo se había alejado muchos kilómetros del hogar, el padre se sintió acongojado por la honda y dolorosa sensación de que Dios demoraba su respuesta. Entró a su estudio y cerró la puerta. Cayó de bruces y reprochó amargamente a Dios. '¿No sabes lo que se siente al ser un padre terrenal? ¿No te importa lo que siento?'

Al hablar más tarde sobre el asunto, dijo: 'Repentinamente advertí la compasión de Dios, y mi llanto se transformó en llanto de gozo y asombro.' ¿Qué es lo que había percibido? 'Sentí como un océano con enormes olas que se levantaban y rompían. Era la compasión del Padre que se elevaba y llegaba sin cesar hacia todos nosotros.' Estuvo largo tiempo llorando y alabando a Dios 'por la gloria que había contemplado'.

En el mismo momento que él oraba, allá lejos, su hijo también estaba experimentando el impacto de su propio arrepentimiento. Entró en una iglesia donde se llevaba a cabo un encuentro de comunión, fue movido al arrepentimiento y a la aceptación de Cristo. 'Todavía tiene un largo camino por recorrer,' comentó el padre, 'y la lucha no está ni cerca de haber terminado. Pero es una pelea diferente. Hemos dado vuelta a una esquina y no hay retroceso posible.'

La gratitud del padre abarcaba mucho más que la conversión de su hijo. Había tenido una revelación especial de la gloriosa compasión de Dios, a tal punto que el cambio en el muchacho era apenas parte de algo mucho mayor.

En medio del dolor y la tragedia que usted podría estar viviendo, Dios lo invita a entrar en una relación más íntima con él. Sea lo que sea que ocurra con sus hijos, si usted se acerca a Dios, su vida será enormemente enriquecida y bendecida. Quizás no tenga experiencias especiales ni se gloríe en visiones, pero su espíritu será liberado. Será pasado por fuego y refinado como el oro. Su dolor trae consigo la posibilidad de increíbles bendiciones.

Epílogo

La mujer fruncía el ceño y sostenía la cabeza entre las manos. Sentado al borde de la cama, el marido se preguntaba si su propia ansiedad respondía a la misma causa.

—¿Estás preocupada por Santiago?

—Supongo que sí… —respondió ella después de una pausa.

Suspiró. Por unos momentos hubo silencio. Fue ella quien lo rompió.

—¿Terminará esto alguna vez?

Él buscó en su mente alguna expresión de consuelo, pero antes de que pudiera encontrar qué decir, ella continuó hablando.

—Pensaba… pensaba que ya habíamos dado vuelta una página. Sé que es sincero y que hace un esfuerzo, pero ahora es como si hubiéramos vuelto a cero.

Los acontecimientos parecían continuar sacudiéndolos sin misericordia, pudieran o no soportar más. 'La esperanza que se demora es tormento del corazón', nos dice el autor de Proverbios (Proverbios 13.12).

Quizás los conflictos emocionales más difíciles que enfrenta un padre no son las primeras heridas sino las cicatrices apenas cerradas que vuelven a abrirse una y otra vez. Muchos padres pueden disfrutar de un final feliz a su historia. Sería hermoso que siempre pudiera ser así, pero en realidad no lo es. Algunos padres enfrentan la desilusión a lo largo de toda su vida.

Regocíjese sobre la roca firme

Algunos aferran sus esperanzas a la conversión de un hijo o una hija con problemas, y se sienten llenos de gozo. A veces ese gozo perdura. La conversión produce lo que había prometido, y ante sus ojos se desarrolla de manera maravillosa una personalidad cristiana. Pero en otras ocasiones los resultados de la conversión, sin dejar de ser genuinos, son menos satisfactorios. La conversión y la regeneración no hacen desaparecer de manera inmediata ni mágica las debilidades del carácter, algunas de las cuales requieren un largo y constante proceso de respuesta a la disciplina del Espíritu Santo. Los conflictos no terminan con la conversión. A veces hasta se intensifican. En ningún lugar se les promete a los cristianos inmunidad ante la tentación. Tampoco el Enemigo soltará fácilmente a su presa.

Otros padres atan sus esperanzas a cambios más tangibles: un nuevo trabajo, el retorno a la escuela, la responsabilidad de un próximo matrimonio, nuevos amigos, la incorporación a una nueva iglesia. Es correcto que recibamos estos cambios con gratitud, pero no significa que haya concluido la lucha.

¿Cómo pueden evitar los padres caer en la angustia o la amargura? ¿Dónde pueden hallar una paz estable y una esperanza que no les falle?

Si usted pone su esperanza en algo inestable, luego no tendrá en qué apoyarse. Las circunstancias son impredecibles. Las reacciones futuras de su hijo o su hija son impredecibles. La esperanza que construimos en algo tan efímero como nuestra impresión subjetiva es una estructura construida sobre arena.

Nuestra fe no descansa solo en lo que Dios hará sino en lo que Dios es. Podemos estar equivocados respecto a sus propósitos futuros y aun más equivocados respecto a las circunstancias que nos aguardan en el futuro. Pero no debiéramos jamás estar equivocados respecto a lo que él *es*: nuestro Dios está cerca, es fiel, es compasivo, es justo.

Hay un sano razonamiento en el mandamiento de Pablo: 'Regocijaos en el Señor siempre. Otra vez digo: ¡Regocijaos!' (Filipenses 4.4). Este es el primer mojón hacia la paz que necesita un padre. Y si el camino hacia el cual indica el mojón parece demasiado escabroso, no se desanime. No es un camino imposible. Sus primeros pasos serán lentos, y quizás necesite detenerse a tomar aire de vez en cuando. Pero a medida que avance, sus piernas se volverán más vigorosas y sus pulmones más dilatados.

Pablo no nos exhorta a que seamos felices sino a que nos alegremos, lo cual es bastante diferente. La felicidad puede estar o no presente. La felicidad no es algo que podamos 'hacer' o 'fabricar'. Pero sí podemos alegrarnos. Podemos y debemos 'regocijarnos'. Es decir, podemos y debemos decir con el profeta Habacuc: 'Aunque la higuera no florezca … con todo, yo me alegraré en Jehová, y me gozaré en el Dios de mi salvación' (Habacuc 3.17–18). Este es un llamado a la vida y a la salud.

Debe tener claro, sin embargo, que el mandamiento bíblico de regocijarnos es mucho más que un toquecito de autoayuda psicológica. Es un llamado a la realidad, a mantener una perspectiva válida. Para el cristiano la paz reside en la realidad de un universo gobernado por Dios y en la realidad de que la vida del cristiano está escondida en Dios.

> Nuestra fe no descansa solo en lo que Dios hará sino en lo que Dios es.

Es también un llamado a la fe, porque los hechos que percibimos a veces parecen entrar en conflicto con la bondad y el poder de Dios. '¿Qué te hace pensar que mereces su ayuda?,' nos dirán socarronamente las voces del abismo. En esas ocasiones, el regocijarnos en el Señor solo será posible cuando comencemos a repetir: '¡Escrito está!... ¡Escrito está!… ¡Escrito está!'

¿Nació realmente Jesús de una virgen? ¿Se levantó de los muertos? ¿Intercede por nosotros ante el trono celestial? Si estas cosas son ciertas, entonces no importa cuáles sean las circunstancias, nuestra fe descansa sobre fundamentos sólidos.

Miremos otra vez el grito de triunfo de Habacuc en los últimos tres versículos de su profecía. Mientras mira a su alrededor a lo que en un momento habían sido signos de desesperanza y una terrible amenaza de hambre (v. 17), de pronto advierte que no importa cuán trágica pudiera ser la escena, eso ya no tiene importancia. El universo tiene cimientos sólidos. Dios es Dios y Habacuc proclama con entusiasmo su alegría ante este hecho. El temor del versículo 17 cede su lugar a la fortaleza y la agilidad del versículo 19. La última imagen que tenemos es la del profeta trepando como una cabra por las empinadas rocas. El mojón que nos indica '¡Regocíjense!' es un mandamiento que nos empuja hacia adelante, no importa cuán difícil nos parezca.

La práctica del presente

Hay un segundo mojón que dice: 'No os angustiéis por el día de mañana, porque el día de mañana traerá su propia preocupación. Basta a cada día su propio mal' (Mateo 6.34). Estas palabras se refieren a la ansiedad por las cosas materiales, pero no estoy violentando su sentido. Jesús está aplicando una regla general sobre la ansiedad a una situación específica sobre las necesidades materiales, y lo que yo quiero considerar es la regla general. Damos un consejo similar cuando decimos a una persona que 'viva un día a la vez'. Es un consejo sabio. Después de todo, solo podemos vivir un día a la vez. Pero a mí me gusta más la manera en que lo dice Jesús.

Puesto que el futuro nos es desconocido, y los seres humanos aborrecemos el vacío, lo que hacemos es llenarlo con esperanzas o con temores imaginarios que guardan poca relación con el contenido real del futuro.

Como cristianos se nos llama a vivir en el presente. Hoy tenemos responsabilidades que cumplir. Hoy podemos buscar más de Dios. El día de mañana aún no ha llegado, el de hoy sí. Quizás nunca llegue el de mañana. Pero el día de hoy es un regalo puesto en nuestras manos, un obsequio que solo podremos usar en la medida que no nos distraigamos con el mañana.

El problema de muchos padres es que se sienten acongojados por el futuro, paralizados por el temor de lo que puede deparar el mañana. Para ese estado mental hay un solo consejo válido: los problemas de hoy son suficientes para hoy.

Dios guarda las llaves de todo lo desconocido, y me alegro por ello; si fueran otras manos las que guardaran esas llaves o si me las confiara a mí, me daría temor. Prefiero que sea él quien quite el cerrojo de cada día y, a medida que fluyan las horas, me diga: 'Mi voluntad es lo mejor.'

Vivir en el presente es un arte que debe ser aprendido. Solo llega a ser un hábito mental si se lo practica constantemente a lo largo de meses y años. Tampoco debe considerarse, lo mismo que al mandamiento de regocijarnos en el Señor, como una mera ayudita psicológica. Indudablemente tiene sentido desde el punto de vista psicológico. Sin embargo, es también un deber cristiano.

Vivir en el presente es reconocer que somos criaturas y que Dios es Dios. Esa actitud no está solo para nuestro beneficio sino para honrar a Dios.

Vivir en el presente también implica disfrutar de los placeres de hoy. Si usted siente que no existe ningún placer en el día de hoy, es probable que no haya tenido los ojos bien abiertos. Yo solía coleccionar flores silvestres, esas pequeñas explosiones de delicada belleza que el Creador derrama como confites sobre setos y bosques. Sentía una extraña felicidad cuando encontraba las especies más raras. En mi interior sentía fluir una nueva música. A cada instante y en cualquier lugar, estamos rodeados por pequeñas bellezas. Un sonido agradable, los cielos cambiantes, la luz de las estrellas, los cristales de la nieve, el canto de los pájaros, las estaciones y sus cambios. Necesitamos desarrollar el hábito de mirar y de ver, de escuchar y de oír, y de detenernos para saborear y disfrutar.

Las flores silvestres pueden no significar para usted lo que significaban para mí, pero también hay pequeños tesoros para usted, no importa cuál sea su gusto. Quizás tenga que dejar de lado algunas preocupaciones, si es que quiere disfrutar de algo. ¿Qué es la vida si nos llenamos de preocupaciones y no tenemos tiempo para detenernos y contemplar? Una madre me escribió: 'Inicié una caja de alegrías: una colección de historietas, cartas, poemas...'

Como psiquiatra soy muy desconfiado de la mera manipulación del estado de ánimo. Sin embargo, esto es mucho más que una autoayuda psicológica, y revela una actitud sana hacia la vida. Si usted descubre que no puede disfrutar de los pequeños tesoros de la vida, aunque los esté buscando, sería oportuno que buscara ayuda profesional.

La comunión en el sufrimiento

Un tercer y último cartel indicador nos dice: 'No sufra solo.' Seguramente hay alguien, en algún lugar, con quien usted pueda compartir su pena. Encuéntrelo. Es probable que usted haya compartido su dolor con Dios. Sin embargo, estoy hablando de un compañero humano. La comunión cristiana existe, entre otras cosas, para compartir tanto la alegría como el sufrimiento. La pena compartida, disminuye. La alegría compartida, se multiplica. Por lo tanto, cuando es una verdadera comunión de oración y confraternidad, la comunión cristiana puede ser una fuente de inagotable valor.

Nuestro sufrimiento puede contribuir al bienestar de la comunidad, especialmente si hemos sido capaces de descubrir la ayuda de Dios en el sufrimiento. 'Bendito sea el Dios y Padre de nuestro Señor Jesucristo,' escribe Pablo, 'el cual nos consuela en todas nuestras tribulaciones, para que podamos también nosotros consolar a los que están en cualquier tribulación, por medio de la consolación con que nosotros somos consolados por Dios' (2 Corintios 1.3–4).

¿Por qué cree que escribí este libro?

No lo hice como un psiquiatra, esperando que los lectores puedan beneficiarse de mi conocimiento profesional, sino como un padre que probó la amargura de la desesperación y que aprendió de la grandeza de Dios, mientras trataba de avanzar tropezando en la oscuridad.

Mi invitación es a unirnos en la comunión de aquellos padres que sufren, o mejor aún, a la comunión de los padres que a través del dolor se han tomado de la mano de un Dios más grande, más poderoso, más tierno de lo que nunca habían imaginado.

Notas

Capítulo 2
[1] Margaret Mead: *From the South Seas*, Morrow, N. York, 1936.

Capítulo 3
[1] Derek Kidner: *Proverbios: Introducción y comentario*, Certeza, Buenos Aires, 1975.

Capítulo 5
[1] Konrad Z. Lorenz: *On agression*, Bantam, N. York, 1967, p. 111-116, 140.

Capítulo 8
[1] John White: *Hacia la sanidad sexual*, Certeza, Bs. As.
[2] Recomendamos el libro de Esly Carvalho: *Cuando el homosexual pide ayuda*, Certeza Argentina, Bs. As., 2004.
[3] Alex Davidson: *The returns of love*, InterVarsity Press, Downers Grove, Ill., 1987.

Capítulo 11
[1] Richard Farsen: 'The Technology of Humanism', *Jorunal of Humanistic Psychology* 18, N°2, Primavera de 1978.

Capítulo 12
[1] Francis Foulkes: *The Epistle of Paul to the Ephesians*, Eerdmans, Grand Rapids, Mich., 1963, pp. 101-102.

Sanidad en las relaciones familiares

Perdonar, reconciliarse, cortar los males generacionales, bendecir y ser bendecidos

Elba Somoza

CONTIENE GUÍAS DE ORACIÓN Y DE RESTAURACIÓN

Hay verdadera curación para las heridas.

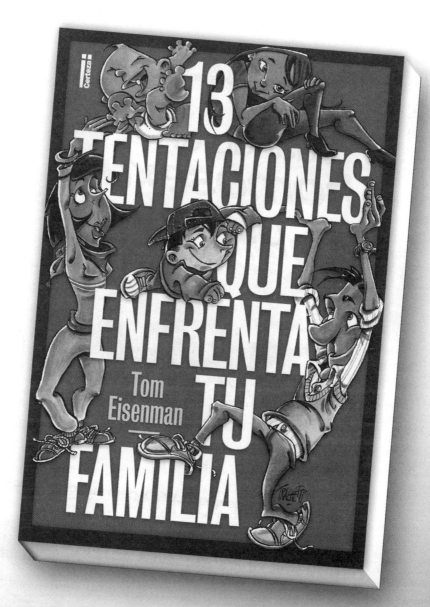

13 TENTACIONES QUE ENFRENTA TU FAMILIA

Tom Eisenman

**Una de las mejores obras
que leí sobre la familia.**
Alberto Mottesi

CertezaArgentina

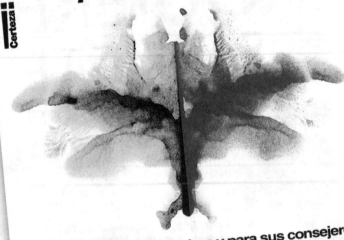

Testimonios de ex-gays

cuando el
homosexual
pide ayuda

Una guía para los que luchan y para sus consejeros

Certeza

Esly Carvalho

**El cambio es posible.
Imprescindible para
todo consejero.**

Recupera tu bendición original
DIOS
QUIERE
SANARTE
de las heridas
de la vida
Elba Somoza

Esta edición se terminó de imprimir
en Editorial la Buena Semilla,
Carrera 28a, Nro 64 a-34, Bogotá, Colombia,
en el mes de mayo de 2012.